Abair Leat

Seosamh Ó Dálaigh, *Joe Daly* (1909-1992).

Abair Leat

Seosamh Ó Dálaigh

ag caint le

Pádraig Tyers

An Sagart
An Daingean
1999

An Chéad Chló 1999

ISBN 1 870684 86 9

An Cinnire Laighneach a chlóigh

Clár

Réamhrá

Bhí mé féin agus Seosamh Ó Dálaigh ag caint lá i dtreo dheireadh na bliana 1981. A shaol agus a shaothar mar bhailitheoir béaloideasa a bhí ar bun againn agus sa chaint dúinn rith sé liom go raibh mórán Éireann scéalta agus seanchais tógtha uaidh ag institiúidí agus ag daoine difriúla agus go háirithe ag Raidió na Gaeltachta ach gur shuarach a raibh d'eolas ar fáil in aon áit i dtaobh obair an bhailithe féin. Dúirt mé leis gur dheas liom thar ceann Choláiste na hOllscoile Corcaigh iarracht bheag éigin a dhéanamh d'fhonn an t-easnamh sin a chur ina cheart dá mbeadh sé féin toilteanach teacht i gcabhair orm. Go deimhin is é a bhí. Mar sin ar an 28ú lá de Mhí na Nollag an bhliain chéanna thug mé liom taifeadán siar ar an gCeathrúin chuige agus líon sé dhá théip fhada dom.

Tamall de bhlianta ina dhiaidh sin phléigh mé ábhar an dá théip sin le mo chomhghleacaithe sa Choláiste, Seán Ó Coileáin, Ollamh le Gaeilge, agus Gearóid Ó Crualaoich, Léachtóir le Béaloideas, agus ba é tuairim na beirte acu gurbh fhiú dul ar ais go dtí Seosamh agus a thuilleadh a thaifeadadh uaidh. Chuir siad comhairle orm maidir leis an sórt eolais ba mhó ab fhiú a lorg air. Dá thoradh sin chuas go dtí Seosamh an dara huair agus ar an 3ú Eanáir 1986 líon sé sé cinn de théipeanna dom in imeacht aon lae amháin. Bliain agus dhá lá ina dhiaidh sin arís ar an 5ú Eanáir 1987 chnag mé ar a dhoras uair eile agus líon sé seacht gcinn dom an lá sin. Níorbh aon obair mar mhagadh é sin dó mar bhí sé anonn go maith sna blianta faoin am sin agus gan cuimhne na laethanta a bhí sé ag bailiú béaloideasa róghlan aige, rud nár thógtha air. Tar éis an tsaoil bhí geall le daichead bliain sleamhnaithe leo ó d'éirigh sé as an obair.

9

Agus mé ag ullmhú an téacs seo chloígh mé le canúint Sheosaimh mar tuigeadh dom nach luífeadh an Ghaeilge Chaighdeánach isteach ró-oiriúnach leis an ábhar. Cúis áthais dom gur tháinig an Monsíneoir Pádraig Ó Fiannachta leis an tuairim sin.

Is é an trua mhór é nár chuaigh duine éigin níos eolgaisí ná mise ar an mbéaloideas chuige i bhfad romhamsa mar dá rachadh ní i dtaobh leis an leabhar beag seo a bheimis inniu ach ní aon chabhair bheith á cháiseamh sin anois. Tá súil agam go dtabharfaidh a bhfuil idir an dá chlúdach seo léargas éigin ar shaothar duine den bhuíon bheag úd a rinne éacht oibre chun gné fhíorthábhachtach dár n-oidhreacht a bhuanú.

Tá mo bhuíochas ó chroí ag dul do Mháire Bean Uí Mhurchú, iníon le Seosamh, a chuir a lán grianghraf ar fáil, don *Irish Times* a cheadaigh an grianghraf le Pat Langan ar leathanach 52 a fhoilsiú, do W. A. Perrott a sholáthraigh an grianghraf atá ar an gclúdach tosaigh agus atá mar thulphictiúr: don Mhonsíneoir Pádraig Ó Fiannachta a shocraigh go bhfoilseodh *AN SAGART* an leabhar seo, agus ar ndóigh do Sheán Ó Coileáin agus do Ghearóid Ó Crualaoich as a gcabhair, agus d'Ollscoil na hÉireann Corcaigh as cead a thabhairt dom a bhfuil d'ábhar ar na téipeanna a úsáid.

PÁDRAIG TYERS

An Ghráig
Lá 'le Bríde 1999

Abair Leat

Pádraig Tyers: A Sheosaimh, cathain a thosnaís ag bailiú béaloideasa?

Seosamh Ó Dálaigh: Dh'fhéadfainn a rá gur thosnaíos nuair a bhíos an-óg ar fad i ngan fhios dom fhéin mar bhí morán seanchais ag mo mháthair. Bean ó Pharóiste Fionntrá ab ea í. Rugadh i nGleann Fán í. Bhíodh scéal éigin aici i gcónaí. Níorbh aon scéalaí í, níorbh aon rud in aon chor í, ach bhíodh sí ag eachtraí domsa agus na rudaí a deireadh sí chuadar i bhfeidhm orm. Cad ina thaobh ná raghaidís nuair a chloisinn arís agus arís eile iad?

Bhí an-eolas aici ar Naomh Caitlín agus níl aon uair, nuair a bhí ionú ag mo mháthair, ná tugadh sí Turas Chaitlíona. Ansan bhí an-chur síos aici ar an ndrochshaol. Deireadh sí go bhfaca a hathair féin corp marbh thiar i mBóithrín Fhána agus an lámh ite dhó ag cráin mhuice. Bhí eachtraithe aici ar Bhess Rice. Bhí eachtraithe aici ar Shéamas na bPléasc agus cé nár chuireas spéis iontu san chuadar i bhfeidhm orm. Ansan bhí a fhios agam gach aon rud mar gheall ar na púcaí mar dh'áiríodh sí gur tigh aerach inar tógadh í fhéin agus gur minic a bhíodh fothram agus mar sin sa tigh.

Oileadh mise i mo mhúinteoir bunscoile agus chaitheas na scéalta go léir as mo cheann. Chaitheas as mo bhéal iad, ach go háirithe, ach dh'fhanadar i mo

11

cheann. Oileadh mé i naoi déag tríocha a dó, agus bhí sé an-dheacair post a dh'fháil mar mhúinteoir an t-am céanna. Thugas tamall anso agus tamall ansúd ar fuaid na dúthaí, trí seachtaine is mí is leathbhliain ag obair agus leathbhliain eile díomhaoin.

Ach bhíos ag baile timpeall na Bealtaine naoi déag tríocha a sé agus chuala go raibh fear theas i dtigh Sheáin Uí Dhálaigh sa Chom agus go raibh scéalta á thógaint síos ar mheaisín aige. Chuas siar oíche ag éisteacht leis. Cé a bheadh ann ach Séamus Ó Duilearga,[1] fear óg go raibh ceann liath air agus ceann deas gruaige air agus é ag ceann boird ansan agus seandaoine an Choma bailithe agus iad ag insint scéalta, agus ní hé amháin é sin ach nuair a bhí an méid sin ráite acu chuir sé ar siúl smut don scéal arís agus bhí a nguth le clos.

Ach nuair a bhí sé ag faire ar imeacht chuir sé tuairisc ar Mhuintir Dhálaigh sa Chom an raibh aon duine timpeall a dh'fhéadfadh na scéalta so a scríobh amach dó agus ós rud é go rabhas-sa gan post luadar m'ainm leis. Tháinig sé chugam agus dh'inis sé dhom conas an meaisín a dh'oibriú. Eideafón an ainm a ghlaoigh sé air. Ba mhaith leis gan dabht gurb é fear na háite a scríobhfadh na scéalta a bheadh san áit, agus is dóigh liom nárbh aon drochthuairim é sin in aon chor mar is é fear na háite is fearr a thuigfeadh iad agus a thuigfeadh na focail. Ina theannta san níor mhór duit, mar fuaireas amach ina dhiaidh sin é, níor mhór duit a bheith ar an bhfód mar ní raibh an meaisín róshoiléir. Is cuma liom cad é an meaisín a bhíonn ag duine chun é a thógaint síos ní dóigh liom go bhféadfadh éinne é a dhéanamh ach an té a bhíonn ag éisteacht ar an bhfód leis.

1. i.e. Eagarthóir agus Leabharlannaí, An Cumann le Béaloideas Éireann, ag an am sin.

Ach thug sé dhom roinnt mhór bhoscaí fiteán, cúig nó sé cinn is dócha. Bhí cuid acu, is dóigh liom, aníos ó Chlochán an uair chéanna aige, agus thug sé dhom iad agus dh'inis sé dhom conas tabhairt faoin scríbh-neoireacht. Scríobhas iad, agus bhíos ag scríobh ar feadh Bealtaine, Meitheamh agus Iúil. Chuireas chuige na lámhscríbhinní ansan. Ba shin naoi déag tríocha a sé. Tháinig tuairisc chugam deireadh mí Iúil na bliana san á rá go rabhas ceaptha mar bhailitheoir lánaimseartha. Bhíos an-shásta. Ach san am chéanna tháinig litir eile chugam go raibh ionad múinteoireachta le fáil i Sraith an Iarthair i mBaile Átha Cliath i Scoil na mBráithre Críostaí ansan. Bhíos i gcás idir dhá chomhairle ach thaitnigh an meaisín liom, thaitnigh an obair liom agus dúrt go dtógfainn an bailiúchán ach go háirithe, agus ná beinn ceangailte síos le scoil ná le haon rud. Thógas an bailiú mar rogha. Ní fheadar ar dheineas mo leas nó m'aimhleas ach bhí áthas orm go raibh post agam, ní nach ionadh, post leathsheasmhach ach go háirithe, agus tuarastal seasmhach. Céad go leith punt sa mbliain a ceapadh dom agus bhí orm stampaí árachais éigin a dhíol as san.

Saghas gramafóin ab ea an eideafón so agus é idir trí agus ceithre clocha meáchaint. Bhí fearsad amach as, dá mbeadh sé amach as, ach bhí fearsad ann, agus théadh sorchóir anuas ar an bhfearsaid sin. Sorchóir céarach a bhí ann timpeall le sé n-orlach ar faid, is dócha, agus dhá orlach go leith trasna. Ba shin é an fiteán. Chuirfeá snáthaid anuas ar cheann don bhfiteán agus bheadh an fiteán ag casadh leis. Bhí píp amach as an meaisín agus labhradh an seanchaí isteach sa phíp sin. Is é an sorchóir a bhíodh ag casadh agus an tsnáthaid ag gluaiseacht ar aghaidh i gcónaí go dtí go sroiseadh sí deireadh. Ansan stadainn an meaisín agus chuirinn fiteán eile suas. Is dóigh liom go seasaíodh an fiteán ceithre nó cúig neomataí. Dh'fhéadfá luas tapaidh nó mall a chur air – níor mhór an deifríocht é – agus measaim dá mbeadh cainteoir tapaidh ann go dtéadh timpeall le hocht nó b'fhéidir naoi gcéad focal ar gach aon fhiteán acu. Ansan thugainn abhaile na fiteáin sin agus sheiminn thar n-ais dom fhéin iad. Dh'fhéadfainn stad ag gach aon abairt nó gach aon fhocal faoi mar a dh'oireadh dom agus scríobhainn síos mar sin é.

T: Cár chuais ag bailiú ar dtúis?

Ó D: Síos go Baile na hAbha a chuas an chéad iarracht, síos go dtí Tadhg Guithín. Bhí a dheartháir pósta sa tigh, Johnny Guithín. Tá aithne ag an saol mór ar an mBab, iníon Johnny, Bab Feiritéar. Ansan a chuas agus lá fliuch a bhí ann. Is cuimhin liom go maith é. Bhí Tadhg ag scéaltóireacht domsa agus guth an-bhreá ar fad aige, gach aon fhocal ansúd ina sheasamh go breá agus fuaim bhreá acu. Agus bhí Johnny, is dóigh liom, ag deisiú bróg thuas sa chúinne. Agus dá olcas é an eideafón bhí buillí an chasúra le clos ar an bhfiteán. Bhailíos cuid mhaith scéalta ó Thadhg agus scríobhas iad. Scéalta fada fiannaíochta a bhí aige agus scéalta gaisce. Agus bhí an cóiriú catha aige, cóiriú mar gheall ar ghluaiseacht tríd an bhfarraige leis an mbád agus an troid a bhíodh ag na fathaigh agus ag na gaiscígh le chéile. Gheibheadh sé an-shásamh iontu san, agus is dóigh liom gur sa chóiriú catha is mó a chuireadh an lucht éisteachta suim nuair a bhíodh na scéalta á dh'insint. Ní mór ná go mbuailidís basa nuair a chloisidís é. Bhí ceann amháin acu, ach go háirithe, mar gheall ar throid an dá ghaiscígh. Mar seo a bhí sé:

Rugadar ar a chéile. Dheineadar talamh bog don dtalamh cruaidh agus talamh cruaidh don dtalamh bog. Tharraigíodar toibreacha fíoruisce aníos trí chroí na gcloch glasa le neart troda agus

14

crua-chomhraic. Agus bhíodar mar sin go dtí buíú na gréine, agus dh'iarr an fathach sos comhraic!

Bhí ceann eile ansan aige:

Sháigh sé amach a characháinín aoibhinn álainn agus tharraig sé suas a sheolta boga bogóideacha go dtí barr na gcrann. Ní raibh barr cleite amach ná bun cleite isteach ach aon chleite amháin droimeann donn dearg a bhí i mbarr an chrainn mhóir ag déanamh ceoil, spóirt agus imris don laoch a bhí ar bord, agus ba shin é Mac Rí Chríocha Éireann. Nuair a théadh as an ngaoth tharraigíodh sé chuige a dhá mhaide bhinne bhuana bhána bhasleathana don fhuinseog ghléigeal nó don chárthainn, agus le gach aon bhuille cruaidh rámha dá dtugadh sé dhi chuireadh sé seacht gcéad léig chun farraige í. Chuireadh sé grean na farraige in uachtar agus cúr na farraige in íochtar. Bhíodh éiscíní agus míolta móra ag teacht ar bois agus ar bais agus ar slat mhaidí rámha chuige, agus níor dhein sé aon stad go mbuail sé cuan beag sa Domhan Toir. Tharraig sé isteach sa chuan aoibhinn álainn sin in áit ná raibh gaoth á luascadh, tonn dá bualadh ná neart ag éan ón aer cacadh uirthi. Thug sé aon léim amháin i dtír, agus chuir sé ceangal lae is bliana ar a characháinín i gcás is ná beadh sé uaithi ach uair an chloig. Agus thug sé faoi chúirt an Rí.

Agus ansan an ceann eile:

Nuair a chuaigh sé go dtí cúirt an Rí bhuail sé buille ar an gcuaille comhraic, scread sciath agus dh'iarr comhrac. Tháinig teachtaire amach agus dh'iarr an teachtaire an raibh puinn uaidh chun comhraic. "Seacht gcéad ar mo láimh dheis, seacht gcéad ar mo láimh chlé, seacht gcéad i mo dhiaidh aniar agus a n-oiread go léir ar m'aghaidh amach."

Scaoileadh chuige iad agus ghaibh sé chucu faoi mar a gheobhadh seabhac trí scata mionéan lá Márta. Agus i ndeireadh an lae thiar dhein sé carnán dá gcinn agus carnán dá gcnámha agus carnán eile dá gcoirp.

T: Bhí an cóiriú catha ag mórán scéalaithe sa Ghaeltacht?

Ó D: Ó bhí, agus baintí an-shásamh as. Ba bhreá lena gcroí, croí an lucht éisteachta, an cóiriú catha, agus bhaineas-sa fhéin leis sásamh as. Nuair a bhínnse ag scríobh na scéalta uaireanta ní scríobhainn an cóiriú catha ach aon uair amháin agus chuirinn marc éigin síos nuair a thagadh sé arís agus arís eile sa scéal, an dtuigeann tú? Níor bhacas le hé a scríobh.

T: Bhíodh sé focal ar fhocal i gcónaí acu?

Ó D: An rud céanna i gcónaí agus bheadh cúpla leabhar eile, is dócha, sa Roinn Béaloideasa anois dá scríobhfainn síos an cóiriú catha ina fhocail i gcónaí. Rud eile nár scríobhas síos riamh ná, nuair a bhíodh an fear ag insint scéil, "Tá," ar seisean, "fear," ar seisean, "ansúd," ar seisean, "agus beidh," ar seisean. Chuireadh sé 'ar seisean' isteach chomh minic gurbh éigean dom marc a chur síos ina ionad agus bhí an oiread san leaganacha do 'ar seisean' ann gurb éigean dom comharthaí deifriúla a chur síos. Bhí 'ar sise' ann, abair 'ar sise' ag dul do bhean, 'arsa' ag fear. Deirtear é sin, is dóigh liom, sa Rinn. 'Arsa é sin', 'a dúirt sé', 'a dúirt sí' agus mórán eile mar sin, agus is comharthaí a chuireas síos ansan. Ach sin é mar bhí ansan gur cailleadh an cóiriú catha as na scéalta agus go n-imigh, dar liom fhéin, an bhrí agus an fuinneamh as an scéal ar fad nuair a baineadh an cóiriú catha as. Ba shin iad na scéalta fiannaíochta.

T: An raibh foclóir an-fhairsing ag na scéalaithe an uair sin toisc na scéalta a bheith acu, an cóiriú catha is eile?

Ó D: Bhuel, déarfainn ar an chéad dul síos, bhí foclóir an-fhairsing acu gan aon scéal a bheith acu mar bhí mórán ceardanna ag imeacht an uair sin. Bhí an fíodóireacht slat agus déanamh mataí le tuí agus déanamh úmacha le cur ar dhrom an asail, srathar fhada, fuirseadh agus blúiríocha do chéachta, agus na báid agus iad san go léir. Bhí foclóir mar sin an uair sin acu. Agus, abair, seanfhocal a bhaineas leis sin: Gach ní ar deiseal ach an tseisreach agus an ruaimneach. Is é sin le rá ar chlé a dh'iompófá i gcónaí leis an seisrigh agus ar dtuathal a chuirfeá an casadh sa ruaimneach. Bhí rudaí a bhaineas le ceard mar sin. Ansan bhí an sníomh ann agus bhí an chardáil ann agus bhí an rud a bhídís ag ullmhú i gcomhair an fhíodóra, an deilbh. Bhí sé sin ann agus tá na focail sin go léir bailithe leo anois. Ansan bhí abairtí agus cainteanna sna scéalta agus focail a bheadh caillte ar fad mara mbeadh an scéal á choimeád beo. Ansan formhór na scéalaithe ní raibh acu ach an Ghaeilge.

Ní fheadar ná gurb é tigh an tSíthigh an chéad áit eile a chuas, i mBaile na hAbha. Bhíodh daoine bailithe isteach ansan gach aon am don lá. Dh'fhéadfá, mara mbeadh faic le déanamh agat ar a dó a chlog sa ló, dh'fhéadfá dul ag bothántaíocht go dtí tigh an tSíthigh. Bhí siopa beag acu leis tamall ach ní raibh i gcónaí, ach théadh na daoine ag bothántaíocht ann. Théadh iascairí siar go dtí Barra na hAille agus b'fhéidir ná beadh an lá oiriúnach chun gabháil amach. Ghaibhidís aniar, chaithidís a gcuid aidhleanna lasmuigh dhon dtigh agus théidís isteach tamall ag bothántaíocht ann. Bhíodh an phíp á shíneadh timpeall gan dabht, rud an-choitianta i measc tithe bothántaíochta. Líonfadh duine éigin an píp agus thabharfadh sé gal do dhuine eile agus ghuífí leis na mairbh agus mar sin.

Sara rabhas-sa ag bailiú scéalta riamh bhí sé do bhéas agam bheith ag bothántaíocht thíos i mBaile Ícín. Théimís ann, na comharsain timpeall, théimís isteach istoíche ann. Bhímís ag imirt chártaí agus bhíodh Máire Ruiséal agus Cáit Ruiséal sa tigh. I dtigh eile a bhí Cáit Ruiséal ina cónaí ach thagadh sí ag bothántaíocht ansan. Ba í iníon Mháire a bhí pósta sa tigh sin ach nuair ná raibh éinne in éineacht le Máire ina tigh féin thuas i dTobar an Chéirín – bhíodar go léir imithe go Meiriceá – tháinig sí chun cónaithe lena hiníon. Ansan thagadh Méiní Céitinn aníos agus bhí iníon Mháire féin, Bean an tSíthigh, bhí sí sin ann agus bhí a lán scéalta aici sin. Bheadh iontas ar dhuine go raibh scéalta aici sin ná raibh ag a máthair cé go raibh an dúthaigh scéalta ag a máthair.

Nuair a bhíos ag bailiú na scéalta níorbh aon daigh liom in aon chor bualadh síos chucu agus an meaisín a thabhairt liom agus iad a chur ag obair. Aon rud a dh'fhéadfaidís a dhéanamh dom dhéanfaidís dom é go deimhin. Is dócha ná raibh a leithéidí in aon áit. Ach ina dhiaidh sin a fuaireas amach é, ar fhaid mo bhlianta go léir ag bailiú, gur dócha go seasódh sé amach ina scéal ann fhéin go mbeadh ceathrar ban ansan ar aon tinteán amháin ar gach re scéal ar feadh mórán oícheanta, ar feadh mórán seachtainí. Is dócha gurb í Máire Ruiséal is mó go raibh scéalta aici agus bhí a lán seanchais aici chomh maith. Bhí eolas aici ar luibheanna. Scéalta cuíosach fada a bhí aici. Ní raibh, chomh fada le mo chuimhne anois, ní raibh aon scéalta gaisce aici. In aon áit dár ghaibheas riamh níor chuala bean riamh le scéalta gaisce go mbíodh an cóiriú catha acu iontu.

T: Chuais go dtí daoine eile ansan agus go dtí áiteanna eile?

Ó D: Dúrt ar dtúis go raibh Séamus Ó Duilearga ag bailiú i gCom Dhineol. Bhuel bhí na scéalta a bhí tógtha síos aige sin ar an eideafón, bhíodar scríofa amach agamsa ach chuir sé liosta chugam do roinnt eile. Bhí nóta déanta aige dhóibh agus dúirt sé liom dul á mbailiú san arís, agus chuas á mbailiú sa Chom. Gan dabht bhí aithne agam ar mhuintir an Choma ar fad. Is dócha go raibh gaol gairid agam le cuid acu agus bhíodar lántoilteanach, sceitimíní orthu, a bheith ábalta ar suí síos i measc na cuileachtan arís agus bheith ag insint scéalta. Ansan bhí Maidhc Pheats Mac Gearailt, beannacht Dé lena anam, sa Chom, agus bhí aintín do Mhaidhc theas i gCathair an Treantaigh i bParóiste Fionntrá, agus dúirt sé liom go raibh fear éigin do Mhuintir Shé ansan – ní cuimhin liom anois an tigh – agus chuamar ó dheas go dtí tigh Mhuintir Shé agus tháinig daoine eile isteach agus bhíodar ag éisteacht leis an meaisín agus bhailíos roinnt ansan i gCathair an Treantaigh. Saor cloiche ab ea Maidhc Pheats Mac Gearailt agus bhíodh sé ag imeacht timpeall ag tógaint tithe, agus dar liom fhéin, cuid mhaith dos na saoir an-scéalaithe ab ea iad. Bhídís ag taisteal ag tógaint na dtithe agus bhídís ag fanacht i dtigh áirithe ansan, agus ní fheadarsa ná go mbídís ag insint na scéalta agus iad ag tógaint na dtithe. Ach bhí Deamhainí ó Bhaile an Lochaigh – 'Deamhainí' an leas ainm a bhí air, Seán Ó Muircheartaigh ab ea é – bhí sé sin ag tógaint tigh Gheáirbhí ar an gCeathrúin, agus bhíodh sé ag insint scéalta agus gan éinne á bhailiú uaidh. Ní raibh aon chóracha taistil an uair sin ann agus dá mbeadh dream ag tógaint tí cúig mhíle ó bhaile chaithfidís cur fúthu san áit. Bhídís ag saoirseacht ó dhubh dubh agus bheadh an oíche beirthe orthu sara mbeadh an lá críochnaithe, agus ansan gheofaí leabaidh dhóibh in áit éigin. Ní raghaidís abhaile go Satharn agus dá mbeadh triúr nó ceathrar acu i dteannta a chéile is ag scéaltóireacht a chaithfidís an oíche. Sin é a scaip mórán dos na scéalta.

Bhíodh táilliúirithe taistil ann agus táilliúirithe áitiúla ann, ach na táilliúirithe taistil thabharfaidís tamall anso agus tamall ansúd ag obair lena snáthaid. Ní fheadar an mbíodh aon ghearradh acu san ach ag obair leis an snáthaid faoi mar a bhídís ag teastáil ó tháilliúir go mbeadh an iomarca oibre aige. Agus thugaidís sin scéalta leo agus bhídís á n-eachtraí nuair a bheadh táilliúir na háite ag eachtraí. Bhí Tomás Mac Gearailt Mhárthain ag eachtraí dhom, an dtuigeann tú, gurb é an Táilliúir Ó Sé a thug na scéalta go léir go dtí Márthain, ach amháin an méid scéalta a fuair sé fhéin óna mháthair, agus ní bhíodh aon tsolas maith sna tithe do ló nó dh'oíche. Baintí an chomhla don ndoras agus taobh istigh, díreach taobh istigh don ndoras a chuireadh an táilliúir faoi ar an úrlár, anuas ar an gcomhlainn. Agus bhíodh leanaí an bhaile go léir bailithe, agus an-scéalaí ar fad ab ea Táilliúir Ó Sé, agus nuair a bhídís ag druidim róchóngarach dó, chuireadh sé taointe fada isteach sa tsnáthaid uaireanta, agus faid a raghadh an taointe phriocfadh sé na leaideanna le barra na snáthaide agus chaithidís fanacht uaidh an fhaid sin. Sin é an rang a bhíodh acu agus é ag insint dóibh faid a bhíodh sé ag fuáil. Ní raibh aon mheaisín fuála an uair sin ann ach an tsnáthaid. An-scéalaithe ab ea formhór na saor agus na dtáilliúirí agus a leithéidí sin, lucht taistil.

T: Arbh aon chúnamh duit an *Láimh-leabhar Béaloideasa?*

Ó D: Ó tháinig an leagan Gaeilge do *Láimh-leabhar Béaloideasa* le Seán Ó Súilleabháin amach i dtosach agus ansan tháinig an leagan Béarla amach, agus bhí an ceann i mBéarla dos na bailitheoirí roinnte ina thrí chuid i dtreo is go bhféadfá iad a dh'iompar i do phóca. Bhaineas an-úsáid ar fad astu, ach bhíodar beagáinín mall chomh fada le scéalta fada, agus bhíodh tagairt do scéalta ann ansan ná beadh a fhios agat féin, agus ní fhéadfá cnámha an scéil ná faic a thabhairt don seanchaí, agus b'fhéidir go gcaithfeá é a dh'fhágaint i do dhiaidh mar gheall air sin. Ach bhaineas an-úsáid ar fad as le Peig Sayers mar fuaireas ordú ó Shéamus Ó Duilearga gach aon bhlúire seanchais a bhí ag Peig Sayers a bhailiú. Toisc go bhfuaireas an t-ordú san ní raibh orm an cantam a líonadh in aon chor mar thiocfadh lá ort ná beadh aon fhreagra aici.

T: Nuair a bhís ag tosnú ar cuireadh aon chomhairle ort maidir leis an obair seachas an meaisín a oibriú?

Ó D: Ó cuireadh. Tugadh comhairle dhomsa nuair a bhíos ag tosnú – an scéal a scríobh díreach faoi mar a déarfadh an seanchaí é, pé máchail a bheadh ar a chuid urlabhra ná ar a chuid cainte ná faic, ach é a scríobh síos mar sin. Agus ní mór an chomhairle eile a tugadh dom ach an méid a dh'fhéadfainn a bhailiú a bhailiú. Agus bheadh cáim ort, ambaist, mara mbeadh an méid sin bailithe agat san mí. Cuirfí in iúl duit é ná raibh aon chóipleabhar tagtha isteach le tamall uait agus b'fhéidir gurb shin é an mí ba chrua ar fad a bhís ag obair, agus bhí páipéar againn go raibh Dé Domhnaigh, Dé Luain, Dé Máirt, Dé Céadaoin, Déardaoin, Dé hAoine agus Dé Sathairn air agus an obair a bhí á dhéanamh agat gach aon lá acu san a bhreacadh ann. Ní raibh aon tsaoire ann. Ní raibh aon stad ann ach seacht lá na seachtaine, agus déarfainn ceithre huaire fichead. Obair lánaimseartha ab ea í agus bí siúrálta go raibh sí lánaimseartha mar nuair ná bímís amuigh ag bailiú bhímís ag scríobh istigh agus ní raibh againn ach timpeall le hocht lá dhéag sa mbliain saoire. Ní gheibhimís aon chúiteamh as an

Satharn ná as an nDomhnach, is ní bhfuaireamar riamh.

T: An ndeireadh lucht an Choimisiúin i mBaile Átha Cliath leat uaireanta dul ar thóir scéalta nó blúiríocha seanchais faoi leith?

Ó D: Is minic a dúirt. Is cuimhin liom gur tháinig scéalta anuas chugam ón Oifig lá féachaint an bhfaighinn leaganacha do scéal ar a dtugtar 'An Luch is an Dreoilín'. Scéal neamhchoitianta is ea é. Ní déarfaidh mé ach a thosach.

Is amhlaidh a bhí luch lá sneachtaidh istigh i stáca agus chonaic sí dreoilín amuigh agus é ag siollagar leis an ocras. Ní raibh aon rud le n-ithe aige. Sméid sí ar an ndreoilín agus dúirt: "Tar anso agus tabharfadsa do dhóthain le n-ithe dhuit ar aon choinníoll amháin." "Cad é an coinníoll é?" arsa an dreoilín. "Go bpósfaidh tú mé" a dúirt an luch.

Bhí an t-ocras ar an ndreoilín agus bhí geallúint pósta eatarthu láithreach. Ní raibh aon ocras ar an ndreoilín ansan mar bheireadh an luch an gráinne lena fiacla chuige agus dheineadh sí mionrabh dó agus dh'itheadh an dreoilín é. Pé sa domhan scéal é phósadar ach go háirithe agus bhí an sneachta ag leá an t-am so. An chéad mhaidin tar éis pósta dhóibh chuaigh an luch ag déanamh praisce. Mheil sí an gráinne lena fiacla faoi mar a dheineadh sí i gcónaí. Chuir sí an t-áras, pé áras a bhí acu, ar an dtine. Ní raibh aon spíonóg ná aon rud aici chun an phraiseach a mheascadh ná a chorraí agus is lena lapa a chorraigh sí an phraiseach. "Ó léan léir ort, a rud salach!", arsa an dreoilín "nach gránna an rud atá déanta agat? Cuireann tú casadh aigne orm. Ní fhanfaidh mé lá ná oíche eile agat." Agus dh'imigh an dreoilín ón luch.

Ach ní rabhadar scartha óna chéile mar chuireadar an cheist faoi bhráid na n-ainmhithe cad a dhéanfaidís, agus faoi bhráid na n-éanlaithe chomh maith. Bhí lá

22

mór acu bailithe i dteannta a chéile ag argóint le chéile cé aige a bhí an ceart. Tagann scéal mór groí fada idirnáisiúnta amach as an scéal san. Dúradh liom tuairisc an scéil sin a chur, ach ní raibh sé ag bualadh liom agus ní raibh sé ag bualadh liom. Ach bhíos lá theas i gCathair an Treantaigh agus bhí seanchaí agam. Mac Uí Shé ab ea é, is dóigh liom. Dh'fhiafraíos dó an raibh an scéal aige. Ní raibh. Ach bhí leaid óg istigh, seacht déag nó ocht déag nó b'fhéidir fiche bliain. Ní raibh an scéal ag an seanchaí a bhí ag tarrac ar cheithre fichid ach bhí sé ag an leaid óg. Chuir sé iontas ceart orm.

Bhíos babhta thuaidh i mBaile an Lochaigh, agus bhí fear istigh agus ní dh'inseodh sé aon scéal in aon chor a bhí aige faid a bheadh fear eile dos na comharsain istigh. Ní dh'osclódh sé a bhéal. "Is ea, a Pháid", a dúirt duine éigin leis, "tar ansan anall go dtí an meaisín seo agus abair rabhcán éigin. "Á an diabhal é, ní fhéadfainn é", a dúirt sé, "mar tá fiacail anso agam agus tá sí ar stealladhbhogadh". "Dhera, nach fuirist é sin a leigheas?" arsa duine éigin. "Is féidir corda a chuir uirthi agus í a tharrac, má thá sí ar stealladhbhogadh". "Ní fhéadfainn é. Tá sí isteach is amach ar bharra mo theangan," dúirt sé. "Nárbh fhearr go mór," a dúirt duine éigin, "buille don gcasúr a bhualadh uirthi agus í a dhaingniú?" Bhíodh an-chuileachta mar sin ar an dtaobh thiar dos na scéalta ar fad. Bhíodh sé an-shuimiúil ar fad. Ach ní raibh aon chuileachta ag an mbailitheoir. An bailitheoir go raibh an t-ualach ag titim air. Bheadh sé sin ag iarraidh iad a chur ar pháipéar ina dhiaidh sin.

T: An mbíodh formad ag seanchaithe lena chéile?

Ó D: Bhíodh. Chuala scéal ag Seán Ó Dubhda[2] ansan thuaidh. Bhí fear áirithe ansan thuaidh agus bhí

2. Chaith Seán Ó Dubhda a shaol ag múineadh i Scoil na Muirí. Bhí sé ina bhailitheoir páirtaimseartha béaloideasa leis.

mórán scéalta aige. Agus bhí scéalaí eile tamall uaidh, agus bhí mórán scéalta aige sin leis. Ach bhí scéal ag seanchaí amháin ná raibh ag an bhfear eile. Ach pé uair a thiocfadh an fear eile isteach, pé scéal a dh'inseodh sé ní dh'inseodh sé in aon chor an scéal so. Cad a dhein an fear eile lá – bhí sé sa Daingean, nó bhí sé lasmuigh in áit éigin, sa ghort nó i ngarraí nó in áit éigin – cad a dhein sé ach tháinig sé isteach agus chuaigh sé in airde ar an lochta, agus chuaigh sé laistiar de sheanchléibh a bhí ann agus luigh sé síos go breá ann. Nuair a tháinig am na scéalaíochta istoíche ná dúirt mo dhuine an scéal agus an fear in airde ag éisteacht leis. Agus ná raibh an scéal ag an bhfear in airde ansan chomh maith leis féin! Ach bhídís mar sin, mórtas orthu i dtaobh na scéalta a bheith acu agus i dtaobh a bheith ábalta ar iad a dh'insint.

T: Nuair a bheadh deireadh le scéal cad iad na focail mholta a bhíodh ag an lucht éisteachta don scéalaí?

Ó D: Nuair a bheadh an scéal críochnaithe déarfainn go ndéarfaidís, "Dhera mo ghraidhin do chroí, nach diail an ceann atá ort!" ach ní bheadh aon bhualadh bas ná aon rud. Is dóigh liom gur le deireanaí a tháinig an bualadh bas isteach. Chonac SeanMhicil Ó Muirgheasa, chonac ag insint scéalta thíos i gColáiste de la Salle i bPort Láirge é. Thug an Fear Mór[3] síos é le linn domsa a bheith sa Choláiste, agus bhí haincisiúr aige faoi mar atá agam fhéin anso, agus is é fhéin a dheineadh an bualadh bas. Bhuailimís na basa dhó gan dabht tar éis an scéil ach dheineadh sé fhéin an-bhualadh bas. Ní dóigh liom go dtuig sé in aon chor cad ina thaobh an bualadh bas is a rá go mbíodh sé fhéin á dhéanamh.

Bhuel is iad na daoine gan dabht gur dhíríomarna orthu chun a bheith ag bailiú scéalta uathu na daoine

3. i.e. Séamus Ó hEochadha, Príomhoide agus Bainisteoir, Scoil na Leanbh, An Rinn.

24

go raibh a saol beagnach caite, is ná raibh puinn le déanamh acu. B'fhéidir go mbeadh ag cuid acu. B'fhéidir go ndéarfadh duine a bheadh ina chónaí ina aonar: "Caithfidh mé féachaint i ndiaidh na lachan." Cuid acu nuair a bhídís ag insint an scéil ní dheargóidís an phíp go mbeadh an scéal críochnaithe acu. Cuid eile acu dá mbeadh scéal mór fada, ambaiste, dheargóidís an phíp, agus ní mór in aon chor a dh'fhéadfá aon lámh a dhéanamh mar bhí cuid mhaith acu agus bhí na fiacla caillte acu, agus píp chré ní bheadh aon ghreim ag na beola uirthi. Dh'iompaíodh a ceann le fánaidh. Gan dabht bheadh *cover* uirthi is choimeádfadh san an tobac inti mar chaithfidís í a choimeád ina mbéal faid a bheidís ag caint, agus bhídís balbh ag an bpíp chomh maith. Bhí fear amháin ann, ach go háirithe, agus bhí sé ag insint scéil agus bhí an scéal an-fhada, agus bhí buidéal pórtair nó dhá bhuidéal pórtair ólta ag an bhfear bocht agus is é an rud a dúirt sé: "Stop é go fóill," a dúirt sé, "mar tá mo mhún agam." Chuaigh sé amach agus tháinig sé isteach arís agus chríochnaigh sé an scéal. Bhíodh daoine eile agus bhídís ag scéaltóireacht agus ní fhéadfaidís aon scéal a dh'insint mara mbeidís ag caitheamh seilí amach. B'fhéidir go mbíodh a mbéal tirim nó a mbéal rófhliuch nó rud éigin, ach bhídís ag caitheamh na seilí amach ach go háirithe.

T: Ach ón uair ná maireadh an fiteán ach tamaillín beag aimsire an gcuireadh sé isteach ar leanúnachas an scéil?

Ó D: Á chuireadh sé an-mhór agus dhera, chaithfeá féin cuimhneamh ar cár stad sé mar ní chuimhneodh sé féin air, b'fhéidir. Bheadh sé ag brath ar an aos a bheadh sé agus bheadh sé ag brath ar chomh haibidh a bheadh sé agus mar sin. Ó, chuireadh sé isteach air. Agus rud eile a chuireadh isteach an-mhór orthu ná dá raghainnse lá chucu agus bheinn ag déanamh liosta dos na scéalta a bheadh acu, agus go n-eachtróidís an scéal dom ar fad. Nuair a raghainn chucu lá arna mhárach ansan leis an meaisín ní thabharfaidís dom ach achoimre an scéil. Ghaibhidís an cóngar. Ní bheadh agam ach ceithre cnámha an scéil, ach bhínn ar mo dhícheall dearg i gcónaí insint an chéad lae a bheith ag dul síos ar an eideafón.

T: Mheasaidís go mbíodh an t-iomlán agat ón lá roimis sin, nár ghá dul isteach ródhoimhin arís ann?

Ó D: Is ea, ó is ea. "Ná dúrt cheana leat é?" a déarfaidís.

T: Ba mheasa fós, is dócha, a bhíodh an scéal agat nuair a bhíteá ag scríobh na scéalta síos uathu. Ní bhíodh an t-eideafón in úsáid agat i gcónaí.

Ó D: Bhuel, dá mbeadh scéal fada ann bhínn ag iarraidh an eideafón a bheith agam. Bhuel, tríocha a sé, abair, a dúrt leat a thosnaíos, agus thosnaigh an cogadh tríocha a naoi. Is dóigh liom gur daichead a haon a dh'imigh na gluaisteáin don mbóthar ar fad, agus dá bhrí sin chaithinn é a dh'iompar ar an rothar. Sin, abair, an-ghairid do cheithre clocha meáchaint nó níos mó a dh'iompar ar an rothar, agus dh'fhágainn uaireanta an meaisín sa tigh agus thagainn thar n-ais arís agus mar sin, agus aimsir an chogaidh bhí dhá cheann agam. Bhíodh ceann ag baile ag scríobh agam agus ceann eile ag obair agam. Bhí daoine ann, gan dabht, agus bhí col acu leis an eideafón so, agus ní thógaim orthu é mar nuair a bhím fhéin anois ag caint agus micreafón os mo chomhair amach cuireann sé isteach a bheag nó a mhór orm, an dtuigeann tú. Bím ag cuimhneamh go bhfuil sé ag faire orm, go gcaithfidh mé brostú, nár cheart dom stad agus rudaí mar sin, agus cuireann sé amú mé. Peig Sayers, deireadh sí go mbíodh sí scanraithe roimis, nó lig sí uirthi go raibh sí scanraithe roimis ach chomh fada le bheith ag bailiú gan eideafón, bhí sé sin an-dheacair ar fad, agus chaithfeá é a scríobh abairt ar abairt, agus chuirfeá an scéalaí nó an réadóir nó an síofróir, chuirfeá amú ar fad é, agus "Fan go scríobhfaidh mé é seo", agus mar sin. Agus ansan b'fhéidir go gceartódh an duine tú á rá nár cheart duit é a chur síos mar sin in aon chor ach é a chur síos ar shlí éigin eile.

T: Bhí sé an-fhuirist na fiteáin a bhriseadh dá dtitfidís uait abair.

Ó D: Bhuel, bhí agus bhídís briste sa phost ag dul agus ag teacht uaireanta. Bhíodh cuid acu caite, mar tar éis iad a chur go Baile Átha Cliath bearrtaí arís iad. Baintí sceo go mbíodh an gearradh beag iontu, baintí an sceo dhóibh agus cuirtí thar n-ais arís iad le húsáid thar n-ais.

T: An mbíodh ort an áirithe sin fiteán a bhailiú sa tseachtain?

Ó D: Bhíodh. Bhí sé le tuiscint go mbeadh dhá bhosca, dhá dhosaen fiteán, bailithe agam sa tseachtain. Agus is féidir le héinne a dhéanamh amach ansan cén méid focal a bheadh agam le bailiú. Bhí sé an-

"Bhíodh sé le tuiscint go mbeadh … dhá dhosaon fiteán bailithe agam sa tseachtain" – Seosamh Ó Dálaigh ag tógaint scéalta ar an eideafón ó Phaddy Sayers, Baile Bhiocáire.

fhuirist ar fad an méid sin bailiúcháin a dhéanamh mar raghfá timpeall go dtí na daoine go mbeadh na scéalta fada acu, agus ansan chomh fada leis na mionscéalta nó na tuairiscí, bheifeá ag bailiú leat arís chun do dhá bhosca a líonadh. Cúig nó sé neomataí cainte a raghadh ar gach fiteán. Bhí sé an-fhuirist ar fad é a bhailiú ó chuid acu. Is cuimhin liom, chuas go dtí Seán Dhónaill Dhoncha, Seán Ó Mainnín i gCill Uru agus is dóigh liom beagnach gur líon sé an dá dhosaen le haon scéal amháin. Bhíodh orm na fiteáin a scríobh amach ag baile ansan. Bhínn ag scríobh do ghnáth. Mochóirí cuíosach maith ab ea riamh mé agus dh'éirínn ar maidin, agus bhínn ag scríobh, ach bhí sé an-dheacair agam, nuair a thosnaíos ar dtúis, suí síos ag scríobh in aon chor mar níorbh aon fhear róshocair mé. Bhíodh cú agam, agus bhínn ag fiach ar an gcnoc agus gach aon rud. Ach is cuimhin liom go n-éirínn amach agus thugainn liom mo chú agus théinn suas ar an gcnoc ar feadh cúpla uair an chloig ag fiach timpeall lár an lae, agus thagainn thar n-ais arís mar bhínn crampálta ó bheith ag scríobh. Dheininn an scríbhneoireacht ar maidin formhór mo shaoil mar níorbh aon mhaitheas duit gan dabht dul amach ar maidin, amach go dtí duine ná beadh éirithe go dtí lár an lae agus mar sin, níorbh aon mhaitheas dul go dtí seanchaithe. Chuirfeá an tigh go léir trína chéile. Tráthnóintí agus istoíche an t-am ceart chun bailithe gan dabht.

Uaireanta bhíodh fadhbanna agam agus mé ag scríobh. Focal anso is ansúd ná tuiginn agus b'fhéidir gurbh fhocal an-shimplí é. Is cuimhin liom aon ócáid amháin a bhíos thíos i mBaile an Chalaidh ag Micilín de Londra. An-scéalaí ab ea é, agus is dócha go rabhas-sa ag titim do mo chodladh nó rud éigin nuair a bhí sé ag scéalaíocht, nó b'fhéidir go rabhas ag féachaint thall is abhus ar na daoine a bhí ag éisteacht leis. Ach bhí focal amháin agus chráigh sé mé. Chuireas siar an fiteán arís agus arís eile, agus ní fhéadfainn greim a dh'fháil air, ach fuaireas amach ina dhiaidh sin go raibh Micilín, is dóigh liom, tamall éigin i Meiriceá agus is é an focal a bhí sé a chur isteach sa scéal ná *all through.* "Dh'fhan an fathach ansan *all through.*" Ach ní mar sin an fhoghraíocht a bhí aige air ach 'áiltriú'. Chaitheas dul thar n-ais arís chuige leis an meaisín agus é a sheimint arís agus arís eile agus deireadh sé liom: "Ná cloiseann tú ansan é? Nach shin é atá ráite agam?"

Rothar a bhí agam ar dtúis agus mé ag taisteal timpeall agus céad go leith punt an tuarastal. I 1937 dúradh liom dá gceannóinn gluaisteán go bhfaighinn céad punt breise sa mbliain. Ba shin dhá chéad go leith. Gan dabht duine óg ab ea mise an uair sin agus bhí sceitimíní orm. Ba é an praghas a bhí ar *Ford* beag an uair sin, *Baby Ford,* céad go leith punt, agus bhí *Morris* beag leis an uair chéanna ann agus céad seachtó punt a bhí ar an *Morris.* Cheannaíos féin an ceann ba shaoire ach go háirithe. Cheannaíos sa Daingean í. Dhera, bhíos i mo rífhear ansan. Bhí scóp an domhain ag leanúint an ghluaisteáin agus sin ceann dos na cúiseanna go n-imíos timpeall go dtí na háiteanna lasmuigh ina dhiaidh sin. Mara bhfuil dearmad orm céad daichead punt a bhí do mhúinteoir bunscoile an uair sin ag tosnú. Bhí na deich bpúint breise ag mo leithéidse chun na bronntanaisí beaga a thugaimís do sheanchaithe a cheannach. Chosnaídís níos mó cé go raibh rudaí saor an uair sin.

T: An raibh aon lá faoi leith a bhí níos fearr, níos oiriúnaí ná aon cheann eile chun bailithe?

Ó D: Bhuel, bhí seacht lá na seachtaine. Bhí saghas duilleog againn go raibh na laethanta scríte síos air, ach bhí an Domhnach breactha síos chomh maith leis na sé lá eile, agus an-lá ab ea tráthnóna an Domhnaigh chun bailithe, nó oíche Dhomhnaigh nuair a bheadh na daoine óga bailithe leo go dtí rince, nó dá mbeadh lá fliuch ann nó lá saoire, dá mbeadh an duine cuíosach críonna. Ach samhlaítear i gcónaí scéalaí le daoine críonna, agus b'fhéidir go bhfuil an ceart ansan mar ní bhíonn aon am ag éinne eile ach ag na daoine a bhíonn críonna, go mbíonn a saol beagnach istigh.

T: Nuair a bhíodh na fiteáin bailithe agus iad scríofa amach agat an mbíodh ort iad a chur uait ansan?

Ó D: Chuirinn sa phost go Baile Átha Cliath iad agus b'fhéidir ná raghadh an lámhscríbhinn suas ina dteannta, ach raghadh sí rompu nó ina ndiaidh, an dtuigeann tú. Agus is dócha ar dtúis go ndeintí saghas scrúdú orthu, ach ní dóigh liom go ndeineadh aon scrúdú orthu nuair a bhíos ag bailiú ar feadh tamaill.

Bhí sé d'fhiachaibh ar gach aon bhailitheoir trí leabhar nó ceithre leabhar a choimeád, leabhartha nótaí a bheadh i do phóca agat, b'fhéidir. Bhí ceann acu agus is iad uimhreacha na bhfiteán a bheadh ann agus an té a dhein an chaint a chur ar an bhfiteán. Ba shin leabhar amháin. Bhí leabhar eile agus dialann ab ea é. Bhí leabhar eile, agus is dóigh liom go gcailleas an leabhar céanna, ina gcuirinn abairtí agus focail neamhchoitianta a chuala sa chaint. Agus b'fhéidir go raibh leabhar eile againn go ndeinimís liosta dos na scéalta roim ré sula raghaimís ag bailiú leis an eideafón. Ach ag tagairt don ndialann é, nuair a chuas ag obair i dtosach ní fhéadfadh an dialann a bheith róshuimiúil ar fad mar théinn amach aon oíche amháin agus bhailínn oiread aon oíche amháin, nó gairid dó, agus a choimeádfadh ag scríobh go ceann seachtaine mé. Agus b'fhéidir go scríobhfainn cuntas beag éigin ar an ócáid go rabhas ag bailiú, ach níor chuireas aon spéis riamh ann nuair a bhíos suite istigh ar chathaoir ar feadh sé nó seacht n-uaire an chloig agus mé ag scríobh na bhfiteán san. Ní rabhas róluite ar fad leis an ndialann.

Bhuel, chuirfinn sa dialann uaireanta dá raghainn ar cuaird go dtí tigh agus go n-éireodh go maith liom, agus go ndéanfainn liosta maith scéalta a thógaint síos, le tógaint síos leis an eideafón lá arna mhárach nó lá arna mhanathar, nó b'fhéidir go gcuirfinn síos sa dialann cé a bhuail liom.

B'fhéidir gur chuireas nóta sa dialann mar gheall ar an bhfear a bhuail liom ar an mbóthar babhta ansan in aice le Cnoc na gCaiseal. Bhíos ag dul in áit éigin ar mo rothar ach dúrt gur fear é seo a bheadh leathdhíomhaoin agus ní fhaca aon dealramh mór oibre air, agus dúrt go raghainn ag caint leis tamall. Bhíos ag féachaint ar pháirceanna uaim trasna ar thaobh an chnoic agus: "Is dócha go bhfuil ainmneacha ar na páirceanna san anois," arsa mise. I mBéarla a bhíomar ag caint. "Is dócha go bhfuil," a dúirt sé. Ach chuireas cúpla ceist eile air ansan, agus bhíos ag dul an-ghairid don mbeo aige, is dócha. "Did you ever hear tell of the eleventh commandment?" a dúirt sé liomsa. "No I didn't," arsa mise. "What commandment is that?" "Mind your own business," a dúirt sé agus bhailigh leis. Ní fhaca as san amach é.

T: Nuair a raghfá go dtí duine ag bailiú uaidh an ndéanfá é a shniogadh ar fad ar fad an babhta san nó an bhfágfá ann tamall é is teacht thar n-ais arís chuige?

Ó D: Ba bhreá liomsa seanchas, abair, mar gheall ar bhainne a chríochnú amach, gach aon rud a bhaineas le bainne. Ach bhí an greim sin orainn go gcaithfimís na leabhartha a líonadh go tiubh agus nuair ná beadh fágtha ach an sniogadh bheinnse ag bailiú liom mar níl aon uair is crua a dh'oibreofá ná nuair is lú a bhaileofá, agus níl aon am is saoráidí a dhéanfá bailiúchán ná nuair is mó a bheadh bailithe agat. Sin é mar bhí.

T: An mbíodh fáilte ag na seanchaithe romhat nuair a théiteá chucu?

Ó D: Bhuel, bhí an-fháilte roimis an meaisín seo, an eideafón, ar dtúis. Iontas ab ea é. Ba shin bliain a tríocha a sé nó a tríocha a seacht. Ní raibh *radios* rófhliúirseach. B'fhéidir go raibh an gramafón anso agus ansúd. Agus rud ab iontaisí ná san, thógadh sé seo a gcaint féin síos agus ba bhreá leo a bheith ag éisteacht lena gcuid cainte féin arís. Ach bhíodh aon deacracht amháin ansan gurbh fhearr leo i gcónaí, dá mbeadh aon amhrán acu, é sin a chur síos agus ní raibh an eideafón rómhaith in aon chor chun amhrán a thógaint síos. B'fhéidir go dtabharfadh sé saghas éachtaint éigin ar fhonn an amhráin, ach bhíodh sé an-dheacair na focail a thógaint síos nuair a bheadh an t-amhrán á chanadh. Ach is cuma é, ba shin é an chéad rud a dhéanfaidís, má bheadh aon amhrán acu, tabhairt faoi amhrán go gcloisfidís iad féin ag canadh.

T: Dá mbeadh duine acu san ag insint scéil, abair, agus na comharsain bailithe isteach an bhfanfadh na comharsain sin ina dtost nó an gcuirfidís isteach ar an scéalaí mara réiteoidís leis an gcur síos a bheadh á dhéanamh aige?

"Bhíos ag bailiú i gCom Dhineol" – Joe fara Tomás Ó Dálaigh ón gCom.

Ó D: Bhuel do ghnáth dh'fhanaidís ina dtost, ach bhíos ag bailiú i gCom Dhineol uair agus bhí scata bailithe isteach – i dtigh Pheats Mhic Gearailt is dóigh liom a bhíos ag bailiú – agus bhí Peaid Broisnichin ann agus Peats Mac Gearailt féin agus Seán Criomhthain agus Maidhc Pheats Mac Gearailt, agus ní fheadar an raibh an Mainníneach istigh. Ach nuair a bhí Peats ag insint an scéil ach go háirithe – ní cuimhin liom anois cén scéal – ní fhéadfadh an fear a bhí ar chathaoir laistiar, ní fhéadfadh sé éisteacht. "Níl an ceart agat," a dúirt sé. "Tá," a dúirt an fear eile, agus an phíp lena bhéal, píp an eideafón. "Tá." "Níl, ná fuilim á rá leat ná fuil?" agus siúd ag áiteamh ar a chéile iad. "Seo dhuit an phíp mar sin." "Coimeád fhéin í, seo leat. Cuir féin síos é." Agus bhí argóint mar sin acu mar gheall ar phointe amháin sa scéal, an dtuigeann tú.

T: Ar casadh riamh ort duine go raibh doicheall aige romhat?

Ó D: Bhuel, bhíodh cuid acu agus ní bhíodh aon ghiúmar orthu uaireanta, agus nuair a bhíodh drochghiúmar orthu san bhíodh drochghiúmar orm fhéin. Bhíos ag bailiú roimis an gcogadh, ceart go leor, ach bhí gluaisteán faoi mo thóin an uair sin. Bhíos ag bailiú le linn an chogaidh ansan agus ní raibh aon ghluaisteán agam, agus is minic a chaithfinn taisteal fada a dhéanamh, agus b'fhéidir go mbuailfeadh seanchaí liom, agus anois a thuigim i gceart é, nuair atáim féin an t-aos céanna agus bhíodar san, ná beadh aon ghiúmar scéalta an lá san air. B'fhéidir go mbeadh tinneas air, b'fhéidir go mbeadh muintir an tí ag bruíon mar gheall ar rud éigin. B'fhéidir go mbeadh tinneas ar bhó nó rud éigin mar sin agus bheadh mo thuras in aistear. Is é sin le rá rud an-ait ab ea bailiú béaloideasa. Bhí sé an-chosúil le hiasgach. Sealgaireacht cheart a bhí ann mar chuirfeá lá an-dhíomhaoin isteach nuair a bhuailfeadh seanchaí maith leat go mbeadh mórán scéalta aige, ach chuirfeá laethanta an-chrua ar fad isteach nuair ná buailfeadh leat ach duine go mbeadh breac-scéal aige, ainm páirce nó scéal ar lios nó gallán cloiche a bhí in áit éigin, rudaí ná líonfadh ach a trí nó a ceathair do línte.

T: Ar dhiúltaigh éinne riamh abhar a thabhairt duit?

Ó D: Bhuel, dhiúltaigh, is dócha, ar chúiseanna éagsúla. Bhíos ag bailiú i dtigh áirithe sa cheantar so. Ni mór an bailiú a bhí ann, ach bhíos ag bailiú lá ann, is dóigh liom uair amháin, agus ansan thána thar n-ais an tarna lá agus eitíodh mé mar is é an chúis go n-éitíodh mé bhí an scrúdú dos na Coláistí Ullmhúcháin déanta ag buachaill a bhí sa tigh, mac bhean an tí, agus glaodh isteach sna Coláistí Ullmhúcháin ar roinnt eile buachaillí timpeall, ach ní glaodh ar a mac féin in aon chor, agus ba shin é an chúis ná déanfadh sí aon rud eile ar son na tíre, faoi mar a déarfá.

Bhí fear eile leis, agus bhí sé sa chóngar – ní tharraiceoidh mé anuas a ainm in aon chor – ach is í bean an tí a thug cuireadh go dtí an dtigh dom chun na scéalta a bhailiú óna fear céile. Agus an rud is fearr a bhí riamh ag duine ná cara mná tí. Dúirt an Gobán Saor é sin fadó: "Bíodh cara mná tí agat," ach bhí salacharáil ghaoil, is dócha, agamsa le bean an tí. Mara raibh salacharáil ghaoil bhí salacharáil chleamhnais agam léi ach ní raibh aon iontaoibh ag mo dhuine asam. Bhí sé cois na tine agus a cheann faoi. Níor fhéach sé in aon chor orm. Ansan dh'iompaíos. Bhíos ag caint le bean an tí agus chasas timpeall agus bhí mo dhuine ag cur an dá shúl tríom, ach bhí beirthe air. Dh'fhéach sé isteach sa tine arís. Sin é mar a bhíomar ar feadh tamaill ach bhailíos roinnt mhaith scéalta ón bhfear bocht san ina dhiaidh sin. Duine bocht deas ab ea é. Náireach a bhí sé, is dóigh liom féin.

T: Ar tharla sé riamh gur thógais an scéal céanna ó dhuine faoi dhó?

Ó D: Bhuel ceist dheacair domsa í sin, mar chuirinnse na scéalta go Baile Átha Cliath ach b'fhéidir go dtógfainn an scéal céanna arís agus go mb'fhéidir go mbeadh sé faoi theideal eile agam. Is dóigh liom gur thógas. Tóg duine go mbeadh mórán scéalta aige – nuair a deirim mórán scéalta, os cionn trí chéad, abair – trí chéad scéal nó eachtra faoi theideal. Seán Criomhthain na Cille, is dóigh liom gur thógas faoi dhó scéalta uaidh agus is dóigh liom ná raibh aon deifríocht in aon chor eatarthu. B'fhéidir go raibh focal anso is ansúd idir an dá leagan.

Bhí fear istigh san Oileán – ní thabharfaidh mé ainm air – agus bhuail sé liom lá ceathach. Bhíos ag siúl siar go dtí Tráigh Earraí nó áit éigin agus chaith sé é fhéin cois an chlaí. "Tánn tú ag bailiú na scéalta," a dúirt sé liomsa. "Táim," a dúrtsa. "Féach, mhuise," a dúirt sé, "tá scéal agamsa, agus bhí Bláithín ag dlúththathant orm an scéal a thabhairt dó, ach níor thugas." *"Bygor,"* a dúirt sé, "ineosfaidh mé dhuitse é." Agus is dóigh liom anois gurb é an scéal é fear go raibh a bheatha ag teacht ó neamh chuige, agus bhíos anshásta liom fhéin go raibh scéal agam fhéin ná raibh bailithe ag Bláithín in aon chor. Ach fuaireas amach ina dhiaidh sin go raibh sé i gcnuasacht Bhláithín thuas sa Choimisiún Béaloideasa agus é bailithe ag Bláithín ón bhfear céanna. 'Bláithín' a ghlaodh muintir an Oileáin ar Robin Flower.

T: Bhís ag saothrú san Oileán Tiar leis?

Ó D: Bhíos ach ní mór é. Níor bhailíos aon rud ó Pheig Sayers an uair sin mar chun na fírinne a dh'insint cheapas go raibh gach aon ní bailithe uaithi ag Kenneth Jackson. Ina theannta san bhí scéal a beatha scríte aici agus *Machnamh Seanmhná* leis.

T: Thagadh Robin Flower don Oileán gach aon bhliain geall leis?

Ó D: Thagadh agus is é an chéad duine a thug an eideafón leis don Oileán. Bhailigh sé a lán istigh ann.

T: Ar dheinis aon bhailiú ina theannta?

Ó D: Níor dheineas. Ní raibh aon aithne mhór agam air. Chínn Bláithín nuair a thagadh sé isteach inár dtighne le fear an phoist mar bhí Oifig an Phoist againne. An cnuasacht fiteán a bhailigh sé istigh thug sé é go léir go dtí Londain leis ach ansan buaileadh breoite é agus cailleadh.chuaigh Séamus Ó Duilearga go Londain agus thug sé leis abhaile na fiteáin agus is mise a scríobh amach a bhformhór nó iad go léir. Ach bhí cuid acu lán do shnas agus is dóigh liom go raibh ceann amháin go raibh caint ó Thomás Criomhthain ann ach ní fhéadfainn a dhéanamh amach cad a bhí ann, bhí sé chomh doiléir sin.

Ach go háirithe nuair a tháinig Peig Sayers amach ón Oileán tar éis cúpla bliain dúradh liomsa dá bhféad-

Tart ar Joe agus Ó Duilearga ar a shuaimhneas.

fainn aon bheartaíocht a dhéanamh agus na scéalta a bhí fós aici a bhailiú uaithi. Ní rabhas riamh roimis sin ag bailiú uaithi ach aon uair amháin, aon chúpla lá amháin a thugas istigh san Oileán. Ní rabhas ach chun turas dhá lae nó rud éigin a thabhairt san Oileán ach chruaigh an aimsir agus ní fhéadfainn teacht amach, agus in ionad an dá lae chaitheas an tseachtain a chríochnú ann agus lár an lae Dé Domhnaigh a thána amach. Ach ní raibh aon ghiúmar mór ar Pheig Sayers an uair sin tar éis teacht amach ón Oileán mar bhí sé deacair aici aon rud a dh'fháil. Íle le cur sa lampa fiú amháin, ní raibh sé le fáil aici mar níor mhór duit leabhar ciondála chun é seo agus é siúd a dh'fháil. Agus ní raibh flúirse móna ná aon rud ann. Ach thugas m'aghaidh ar Pheig ach go háirithe. Gan dabht seanchomharsain ab ea Peig agus m'athair riamh ach ní raibh aon fhonn in aon chor ar Pheig aon scéal a dh'insint an uair sin. Chuir sí isteach ar an bpinsean seanaoise agus ní bhfaigheadh sí é mar deineadh amach go raibh airgead aici. B'fhéidir go raibh agus b'fhéidir ná raibh ach bhí pus ar Pheig ach go háirithe. Agus b'éigean domsa bheith an-mhór ag plámás léi chun aon rud a bhailiú uaithi. Cuid dos na scéalta a thógas uaithi níor scríobhas in aon chor uaithi iad ach choimeádas i mo cheann iad agus thugas liom i mo cheann abhaile iad agus scríobhas ansan iad. Ach pé sa domhan scéal é fuair Peig an pinsean agus thug sí a bhuíochas go léir domsa, gur mise a tharraig an pinsean di. B'fhéidir gur chuireas focal sa chúirt in áit éigin di, ach fuair sí an pinsean agus as san amach bhí an buíochas go léir aici ormsa. Agus pé rud a déarfainn léi a dhéanamh nó a rá bhí sí ar aigne é a rá go fonnmhar. Bhailíos, ó is dócha, os cionn cúpla céad píosa béaloideasa, píosaí próis faoi mar a déarfá, agus a lán seanchais uaithi agus a lán focal Gaeilge ná raibh agam fhéin cheana.

"Dá mbeadh gléas agamsa mar atá an taifeadán san agatsa ..."

Bhí saghas dochma orm dul ag bailiú ó Pheig Sayers mar údar ab ea Peig go raibh leabhair foilsithe aici agus níorbh aon údar mise ar aon rud ach dul chuici agus fiafraí dhi agus a bheith ag scríobh síos uaithi. Ansan bhí cuid mhaith scéalta bailithe cheana féin uaithi ag Bláithín agus ag Kenneth Jackson, is bhí sé deacair agam uaireanta a dhéanamh amach an raibh an scéal so agus an scéal úd bailithe uaithi cheana nó ná raibh. Ach do réir dhealraimh, do réir mar a thuigim anois an scéal, má bhailíos-sa scéal a bhí bailithe ag Bláithín uaithi nó má bhailíos scéal a bhí bailithe ag Kenneth Jackson uaithi agus má scríobhas síos é is abhar breá staidéir don nduine inniu é conas a dh'inis sí domsa é agus conas a dh'inis sí dóibh sin é. Deirtear go bhfuil deifríocht mhór ann agus is dóigh liom fhéin go bhfuil leis mar is minic a bhíos-sa ag éisteacht le Peig Sayers nuair a thagadh cuairteoirí isteach le linn mé a bheith istigh. Dh'inseadh sí scéal dóibh ach ní mar a chéile a dh'inseadh Peig an scéal dos na cuairteoirí agus a dh'inseadh sí domsa é. Bhí a fhios aici ná raibh aon easpa Gaeilge ormsa agus bhí a fhios aici go mb'fhéidir go raibh easpa Gaeilge orthu san, agus ní fhéadfadh sí scaoileadh lena teangain faoi mar ba mhaith léi nó má scaoilfeadh ní thuigfidís í. Ach sin é an áit a bhí an deifríocht sna scéalta a bhí bailithe ag Bláithín agus ag Jackson agus agamsa ó Pheig.

Ach b'iontach an bhean í gan aon amhras. An tslí a shuíodh sí ansan cois na tine – tá pictiúir di istigh i m'aigne nuair a bhímís cois na tine istoíche. Bhíodh triúr acu cois na tine. Tá an triúr acu marbh anois, Maidhc a mac, deartháir a céile, – Micheál eile ab ea é sin ach 'Coidí' a thugaimísne air – agus Peig féin. Agus nuair a thagainnse isteach deintí slí dhom taobh na tine. Deireadh Micheál, deartháir a céile, liomsa mo bhróga a bhaint dom agus mo chosa a théamh leis an dtine. Bhuel, is dócha gurb iad san cuid dos na hoícheanta ba shuáilceach a chuireas isteach riamh ach aon rud amháin, chaithinn bheith ag scríobh agus loiteadh sé sin an oíche ar fad. Dá mbeadh gléas agamsa an uair sin faoi mar atá an taifeadán san agatsa ansan bheadh saibhreas bailithe ó Pheig Sayers agus ó Mhaidhc agus ó dheartháir a céile. Chaitheadh sí siar a ceann uaireanta. Tharraigíodh sí an seál – seál go dtugadh na seanmhná fadó *cross-over* air – tharraigíodh sí aniar ar a ceann é agus scaoileadh sí siar arís é, agus dhúnadh sí a dhá súil agus ní fheadraís an paidir nó amhrán nó scéal a thiocfadh chugat. Féachtaí ar an gclog agus bhíodh sé siar san oíche agus chaithimís stad ansan, ní le heaspa scéalta é ach an déanaí a chuireadh inár stad sinn agus a chuireadh Peig ina stad.

Ócáid eile do Pheig ab ea ag déanamh císte, ní á dhéanamh is mó é ach nuair a bhíodh sí á bhácáil. Císte tanaí uaireanta a dheineadh sí mar ní raibh an tine rómhaith acu an chéad bhliain a thánadar amach. Ach thugadh Maidhc, a mac, beart fraoigh ón gcnoc leis. Dheineadh Peig an císte, chuireadh sí don oigheann é agus chrochadh sí os cionn na tine ar an ndrol é agus ní chuireadh sí aon chlúdach in aon chor air. Ach ansan lasadh sí lasóg bheag don bhfraoch agus chuireadh sí isteach faoi thóin an oighinn í. Is dóigh liom gurb shin é an uair is mó a ritheadh scéalta chuici, faid a bhíodh sí ag fanacht leis an lasóg a lasadh. Bhaineadh sí casadh ansan as an oigheann sa tslí is go gcorraíodh sí an císte istigh. Is ní fheadraís ansan, b'fhéidir gur scéal éigin a thiocfadh, "Bhí bean éigin thoir in Abhainn na Scáil fadó agus chuaigh sí ar thuras na Minairde …" nó rud éigin mar sin. Chím ansan os mo chomhair amach anois í agus chomh deas a chuireadh sí an blúire beag fraoigh isteach agus chasadh sí an císte agus í ag scéalaíocht léi.

Uaireanta gheibheadh sí aga ar a píp a dheargadh,

agus bhíodh sí ag baint tarrac as an bpíp, ag cur blúire dhon bhfraoch isteach faoin gcíste, ag crochadh an chíste agus ag insint na scéalta san am chéanna – eachtraithe beaga an-shuimiúla ar fad gan dabht. Agus ba mhór an trua go deo aon duine a bheadh á scríobh uaithi a rá "Fan go scríobhfaidh mé an scéal san." Bheadh an scéal loite ar fad.

Is ea, nuair a dh'fhiafraíos do Pheig cad é an aire a thugadh na mná fadó dá gcuid gruaige, agus ní hamháin na mná ach na cailíní óga, dúirt sí go nídís a gcuid gruaige agus mar sin, ach ba é an bua a bhí ag Peig go mbeadh scéal i gcónaí aici chun a chur in iúl go raibh an rud so ar siúl.

Bhí triúr cailíní ann aon uair amháin, a dúirt sí, agus pé rud a bhí ar siúl sa tigh dúradar go raghaidís amach i scioból éigin amuigh nó tigh ba, agus go mbéarfaidís leo corcán uisce agus go dtéóidís an t-uisce amuigh, go ndéanfaidís tine bheag agus go nífidís a gceann amuigh. Bhí mias uisce acu, is dócha, agus nigh an triúr acu a gceann agus ansan chuimhníodar go raibh sean-nós ann, gur cheart duit rud éigin a chur i do bhéal i gcónaí tar éis do cheann a ní nó go sciobfadh na púcaí thú. Ach chuir duine acu a méar sa luaith agus chuir sí pins bheag éigin don luaith ar bharr a teangan. Bhuel, níor mhaith leis an tarna cailín an luaith agus thriail sí blúire cátha agus chuir sí an blúire cátha ina béal. Ach an tríú cailín, bhí sí pióideach inti fhéin. Ó ní bhlaisfeadh sí aon cheann dos na rudaí salacha san agus ní raibh ach cúpla neomat imithe nuair a labhair guth sa doras agus dúirt:

Fóithím, fóithím, boladh na luaithe,
Fágaim, fágaim boladh na cátha;
Bolg slím sleamhain gan aon ní ann,
Bas lena tóin agus ardaímís linn í.

41

"Sealgaireacht" eile le Seán a' Chóta.

Ach ag tagairt don scríbhneoireacht agus don gceartúchán nuair a bhíos ag déanamh ar an líne deireanach agus nuair a bhíos á scríobh síos 'Bas lena tóin agus ardaímís linn í', "Ó," a dúirt Peig, "ná cuir síos 'tóin' in aon chor. Focal róbhorb is ea é sin. Cuir síos 'cúl' ", agus ansan dúirt sí arís "Bas lena cúl agus ardaímís linn í." Ach, gan dabht chuireas síos nóta gurb shin é mar a dúirt Peig, agus cuimhneoidh mé go deo air sin. Ach pé sa domhan scéal é dh'ardaigh na daoine maithe, dh'ardaíodar leo an tríú cailín ach ní dhó san atá mé ag tagairt an scéil ach don gceartú a dhein Peig orm le heagla go gcuirfinn síos aon fhocal a bhí róbhorb. Aon duine a léigh leabhar Pheig chífidh sé an abairt seo ann:

'Dhera is dóigh léi gurb as a cúl a dh'éiríonn an ghrian.' Ach sin abairt ná raibh anso riamh ach: 'Is dóigh léi gur as a tóin a dh'éiríonn an ghrian.' Agus tá sé sin sa leabhar agus tá sé aistrithe go Béarla 'as a cúl'. Ach is í Peig fhéin a dhein cinsireacht ar an bhfocal.

Chuas suas chuici oíche agus bhí Peig ann agus cathaoir bheag íseal shúgáin aici. Bhí a mac Maidhc ar thaobh don dtine agus Coidí ar an dtaobh eile. Bhí beirt eile istigh ina dteannta, Séamas Beag Ó Lúing ó Bhaile an Ghleanna agus Seán de Mórdha – 'Jack' a thugaimís air – agus iad tagtha aníos. Bhí an-cháil ar Pheig i measc stróinséirí ach i measc mhuintir na háite bhí an-cháil ar Shéamas Beag. Bhíomar ag seanchaíocht linn agus bhí an-oíche chuileachtan againn. Shiúlaíomar le cois a chéile anuas, Jack agus Séamas agus mise tar éis na habhann a chur dúinn, agus ba shin í an abhainn achrannach. "Mhuise is mór an bhean chuileachtan Peig," a dúirt Séamas. Ní fheadar an raibh sé dáiríre nó ná raibh, ach déarfainn gurb é an rud is mó a thug Séamas suas ná triail a bhaint aisti féachaint an raibh sí chomh maith agus a bhí áirithe.

T: Cuireadh amach ag sealgaireacht lasmuigh de Chiarraí leis tú.

Ó D: Cuireadh. Dá fhaid a théinn ó mo dhúthaigh fhéin dar liom gur shuimiúla an seanchas a bhí ann, b'fhéidir toisc na nósa a bhí ann a bheith beagáinín deifriúil leis an saghas a bhí againn fhéin. Dá thoradh san ba mhinic mé á chuimhneamh dá dtiocfadh fear thar lear go hÉirinn go bhfeicfeadh sé mórán ná feicimidne in aon chor mar tá an iomarca taithí againn air. Pé scéal é bhuail Seán Ó Súilleabháin ón gCoimisiún Béaloideasa liom i Luimneach lá agus thug sé go dtí Cill Chuimín i gContae Thiobraid Árann mé. Dh'imigh Seán leis ansan agus thosnaíos ag obair. Ní raibh an Dara Cogadh Domhanda tosnaithe fós. Chuireas aithne ar an bhfear a bhí ag múineadh sa scoil ansan, Dinny Ginnane ó Chontae an Chláir. Bhí an-spéis ag Dinny sa bhéaloideas agus chabhraigh sé go mór liom. Bhí gach aon rud deoranta ach dar liom go raibh an áit an-shaibhir ar fad i mbéaloideas agus go raibh na sean-nósa níos daingne istigh i gceann na ndaoine agus iad ag creidiúint iontu níos mó ná mar a bhíomarna riamh ag baile. Ba bhreá liom bheith ann, dúthaigh poitín, dúthaigh cnoc agus dúthaigh chomh fial, is dócha, agus a gheofá. Gach aon chontae gur chuas bhí na daoine an-fhial liom ach mharóidís le féile i dTiobraid Árann tú.

Le linn domsa a bheith ann ach go háirithe ba shin é biaiste na muc a mharú, ag déanamh isteach ar an Nollaig. Gach aon fheirmeoir beo i measc na gcnoc ansan mharaídís muc. Ach ní hé an lá céanna a mharódh éinne na muca agus bhídís ag déanamh uainíochta ar a chéile, agus saghas meitheal ab ea muc a mharú. Chaithfí í a scrios agus a scóladh, ach ní rabhas riamh i láthair na muice a mharú mar níor mhaith liom é. Bhíodh an áit lán an uair sin dos na putóga dubha, agus roinnidís iad san agus na *griskins* ar a chéile. Aon tigh go raghfá istoíche bheadh pláta mór acu faoi do bhráid láithreach, agus ní bheadh aon mheas ort mara nglanfá an pláta, agus ba shin é an pláta mór groí lán. Ansan bheadh braoinín poitín acu, b'fhéidir, faoi bhráid an stróinséara. Bhíodar anmhaith ar fad.

Chuas isteach go Durlas Éile lá. Céadaoin a bhí ann agus chonac lanúin ag teacht amach as an sáipéal ar an gCéadaoin. Chuireadar an-iontas orm mar ní phósadh éinne anso i nDún Chaoin ná ar an nGráig, ní phósaidís in aon chor ar an gCéadaoin. Ach ní chuireadar súd aon nath pósadh Dé Céadaoin. Rud eile a bhí anláidir ar fad ann, agus tá sé láidir i mórán áiteanna ach ní raibh sé chomh láidir anso, dá mbeadh sochraid ann ní raghadh aon bhean nuaphósta isteach sa reilig. Aon bhean a bheadh ag iompar linbh, dh'fhanfaidís amuigh, agus bhíodh a fhios ag na comharsain go léir cé hiad na mná nuaphósta, na mná óga, go raibh leanbh ar iompar acu mar ní raghaidís in aon ghiorracht don reilig toisc gur chreideadar go láidir go mbeadh cam reilige ag an leanbh a saolófaí dá bhfaighidís aon bharrthuisle nó aon rud istigh sa reilig. Dh'fhanadar ar an dtaobh sábhálta. Dh'fhanadar amuigh. Bhuel ní thugas-sa riamh faoi ndeara anso é sin. Bhí cleas eile acu go nglaoidís *the turning of the tables* air, agus is dóigh liom go ndúradar liom – is dócha go raibh sé imithe as an saol an uair sin – go mbíodh argóint agus áiteamh agus b'fhéidir troid dá mbeadh aon bhraon ólta acu mar gheall air. Nuair a tógtaí an corp don mbord sa chistin, nó dos na boird, bhídís ag iarraidh bileog nó cosa an bhoird a dh'iompó isteach leis an bhfalla. Más iad cosa an bhoird a bheadh leis an bhfalla duine éigin do chine fhir an tí an chéad duine eile a gheobhadh bás, ach dá mba amach é duine éigin a bhaineas le bean an tí a gheobhadh bás, is é sin duine ón dtaobh amuigh dhon dtigh. Agus rud eile a bhí an-choitianta acu ansan Oíche na Marbh. Bhíodh coinnle ar lasadh acu Oíche na Marbh. Ní raibh sé riamh anso. Dhera bhí mórán rudaí eile ann. Bhí bean chabhartha ansan. Ní cuimhin liom anois cén ainm a bhí uirthi agus thug sí sin mórán seanchais dom ar shaolú na leanbh agus an cleas a bhí aici fhéin nuair a bheadh an bhean i bpianta an linbh, gurb é an rud a dheineadh sí ná gheibheadh sí casóg nó bheist nó rud éigin le fear an tí, le hathair an linbh, agus chuireadh sí lámh na mná síos sa mhuinirtle agus as san amach bheadh pianta nó leathphianta na mná ar an bhfear.

Bhí rud éigin ann go nglaodh sí an *winding sheet* air i mBéarla, is é sin sileadh na coinnle, an sileadh a thagann ar chliathán na coinnle anuas nuair a bhíonn gaoth ag breith ar an lasair. Ach buaileadh breoite mé fhéin ach go háirithe. Dúirt sí liom má bheadh sileadh mar sin ar choinneal go raibh an fear nó an bhean a bheadh breoite caillte. Tháinig scornach thinn agam fhéin ach go háirithe agus b'éigean an scornach a lansáil. Cé a thiocfadh ar mo thuairisc ach í fhéin. Bhíos ag titim do mo chodladh, leathchodladh le breoiteacht, nuair a tháinig sí isteach. Bhí coinneal ar lasadh sa tseomra agus bhí plubaire don ngeir silte síos ar a cliathán. Bhí mo shúile leathoscailte leathdhúnta agus thugas faoi ndeara í fhéin. Dh'fhéach sí ar an gcoinneal. Dh'fhéach sí ormsa ansan agus chroith sí a ceann agus bhuail sí an doras amach gan féachaint in aon chor orm. Cheap sí go rabhas bailithe liom, is dócha.

Bhailíos aon phaidir amháin i dTiobraid Árann a bhí i nGaeilge ar fad, agus is é sin paidir a déarfá nuair a gheobhfá an chéad deoch bhainne ó bhó a bheadh nuabheirthe.

Déarfá:

Go mbeannaí Dia do bhó,
Go mbeannaí Dia do lao,
Go mbeannaí Peadar agus Pól
Do bhó agus do lao.

Is cuimhin liom seanchaí i dTeampall Tuaithe. Ní fheadar anois cad ab ainm dó, ach bhíos ag dul chuige. Cosán cairte a bhí gearrtha go maith a bhí ag dul go dtí an dtigh. Dh'fhágas an mótar ar an mbóthar agus shiúlaíos go dtí an dtigh ach nuair a bhíos ag fágaint bhí an oíche ann agus "I'll walk with you as far as the road", a dúirt sé liom. Dúrtsa leis ná raibh aon chall leis, go mbainfinn an bóthar amach. "Ah no," a dúirt sé, "there's a stray in that field." Chreid sé go láidir go gcuirtí daoine amú sa ghort san.

T: Bhí daoine, is dócha, go raibh piseoga acu ach nár thuigeadar gur piseoga ab ea iad. An mbídís ag caitheamh anuas ar dhaoine eile toisc piseoga a bheith acu?

Ó D: Nuair a bhínn ag taisteal ag iarraidh daoine a dh'aimsiú uaireanta, bhínn ag cur tuairisce an raibh aon phiseoga acu nó aon rud a chaithfeadh smut don dtráthnóna dhom. Bhídís ag cur síos dom ar sheannósa agus rudaí mar sin, ach ansan deiridís: "This is no place for pishogues, but go to the other side of the hill, and 'tis rotten with them, rotten." Agus dá mbeifeá ar an dtaobh eile do chnoc is é an rud céanna a déarfaidís mar gheall ar an dtaobh eile. Agus bhí, gan dabht, piseoga acu ar an slí a dh'ionramhálaidís bainne agus ba agus rudaí mar sin, ach ba é an gnáthrud é agus níorbh aon phiseog é dar leo. Bhí an saghas san ruda i ngach aon áit.

T: An cuimhin leat Tiobraid Árann a fhágaint?

Ó D: Is é an t-am is dóigh liom a dh'fhágas-sa Tiobraid Árann naoi déag a daichead. Agus ní chuas thar n-ais riamh ó shin ann ag bailiú cé gur bhreá liom tamall fada a chaitheamh san áit sin.

Ansan ar mo chuaird dom chuas síos go Port Láirge. Ar dtúis thugas turas go dtí an oifig, Oifig Choimisiún Béaloideasa Éireann i mBaile Átha Cliath. Ordaíodh dom gabháil trí na cóipleabhartha scoile a bhí sa chnuasacht acu san agus phriocas amach seanchaithe a thug scéalta do pháistí scoile nuair a bhí bailiúchán na scol ar siúl. Phiocas amach iad do réir a n-aoise. Má bhíodar ceithre fichid bliain nuair a bhí na páistí scoile ag bailiú uathu deich mbliana roimis sin dheineas amach go rabhadar ar shlí na fírinne faoin am so agus nár ghá dhom dul chucu. Pé sa domhan scéal é thógas síos liosta maith dos na seanchaithe sin agus teidil na scéalta a bhí acu. Thána go Port Láirge agus chuas go dtí Coláiste na Rinne agus bhí An Fear Mór ansan agus go deimhin ba chroíúil an fear é. Fuaireas lóistín sa Choláiste agus ansan a chuas ag obair. Stiúraigh An Fear Mór mé ar Mhaidhc Dháith. Ba shin é an seanchaí ba mhó a bhí ansan. Bhí deartháir aige go dtugaidís 'Dixon' air – ní chuimhním anois ar an ainm baistí a bhí air. Maidhc Dháith, Micheál Turraoin ab ea é, agus scríobh Mícheál Ó hAodha leabhar mar gheall air, Micheál Turraoin, agus leabhar an-shuimiúil ar fad is ea é, *Beatha Mhichíl Turraoin.*

B'ait an obair é gur scéalta fada fiannaíochta agus gaisce a bhí ag Dixon agus scéalta gearra suimiúla, eachtraithe faoi mar a déarfá, a bhí ag Maidhc. Ach is cuimhin liom go maith gur bhuaileas le Maidhc ar thaobh an bhóthair an chéad uair riamh agus chuir sé faoi scrúdú mé. Bhí saghas gleann doimhin faoinár mbun síos agus dh'fhiafraigh Maidhc dom cad é an ainm a thabharfainn ar an áit sin. Agus bhíos ag cuimhneamh cad é an ainm a dh'oirfeadh dó – ní raibh easpa an fhocail in aon chor orm – agus dúrt gur dócha gur fothair é nó cumar.

"Is tú an chéad duine a thug an freagra ceart dom," dúirt Maidhc agus bhíos i mála an tsnátha ghil as san

48

amach ag Maidhc. Dhein sé amach gurb ardscoláire ar fad mé! Is mó lá fada a chaitheas ina theannta. Bhí an fear bocht an-chraptha ag na crampaí agus ag dul in olcas a bhí sé. Cuimhním aon lá amháin ach go háirithe gur chuas ar a thuairisc, agus ní raibh sé ann. Dúradh liom go raibh sé imithe go dtí Dún Garbhán, go dtí an ndochtúir mar go raibh na pianta an-mhór air. Ach chuas chuige lá arna mhárach agus bhuail sé liom agus é ag baint phrátaí, is dóigh liom, nó ag glanadh thurnapaí nó rud éigin mar sin.

"Ó, a Dhia na nGrást!" a dúirt sé, "míorúilt, míorúilt! An mhíorúilt is mó a chonac riamh!" a dúirt sé. "Chuas go dtí an ndochtúir agus thug sé buidéal dom. Agus níl aon phian i mo chnámha ó shin! Ná feiceann tú an seanbhata caite agam uaim?" a dúirt sé. Ach níor lean an leigheas rófhada ach go háirithe ach dhein sé faoiseamh do Mhaidhc go ceann cúpla seachtain nó mar sin. Ach is dóigh liom go raibh sé tamall fada ar a leabaidh sarar cailleadh é.

Ach is cuimhin liom aon scéal amháin deas a bhí ag Maidhc, beannacht Dé lena anam. Bhíomar ag caint ar cad deir na hainmhithe nuair a bhíonn siad ag screadaigh dóibh féin, nuair a bhíonn an madra ag sceamhaíl agus nuair a bhíonn an fhaoileann ag scréachaigh, cad deir siad. Ach dh'eachtraigh Maidhc an scéal so dhom.

Bhí sé in aimsir ag feirmeoir, a dúirt sé, agus bhí buachaill aimsire eile sa tigh fairis. I dtosach an tsamhraidh bhíodar ag crú na mba, é fhéin agus an buachaill aimsire. Bhí an buaile glan amach agus bhí sé tar éis oíche mhór bháistí a dhéanamh agus bhí lochán mór uisce ag béal dorais tigh na mba. Bhíodar ag crú istigh agus tháinig na lachain agus bardal ina measc agus bhíodar ag snámh timpeall an locháin. Agus ní raibh aon fhonn suaimhnis ar an mbardal. Thug sé faoi cheann dos na lachain agus nuair a bhí a chúram déanta aige dh'imigh sé thall is abhus ar fuaid an locháin agus a cheann á chroitheadh aige. "An bhfeadair tú," a dúirt an buachaill aimsire le Maidhc, "an bhfeadair tú cad deir an bardal anois?"

"Ní fheadair mé," a dúirt Maidhc.

"Éist leis anois," a dúirt sé.

Dh'éist Maidhc leis an mbardal.

"An bhfeadair tú cad deir sé anois?"

"Ní fheadair mé," a dúirt Maidhc.

"Is é rud atá aige á rá anois," a dúirt sé, "fuair tú é, fuair tú é, fuair tú é!"

"Tá an ceart agat," a dúirt Maidhc.

"Éist leis an lacha anois," a dúirt an buachaill le Maidhc.

Dh'éist Maidhc leis an lacha.

"An bhfeadraís cad tá sí a rá?" nó "An bhfeadair tú" is dóigh liom a dúirt sé, "cad tá ag an lacha á rá?"

"Ní fheadair mé," a dúirt Maidhc.

"Bhuel, is é rud a deir an lacha anois," a dúirt sé, "cad é an díobháil, cad é an díobháil, cad é an díobháil!"

Scéalta an-dheasa suimiúla mar sin a bhí ag Maidhc mar chaith sé tamall mór ar aimsir ag feirmeoirí agus an méid nár chuala sé sa Rinn chuala sé in áit éigin eile iad.

Sin ceist a chuir sé orm lá a bhuail sé liom. "Mhuise, an bhfuil an ramhann leabhair fós i gCiarraí?" Agus níor thuigeas rómhaith é ach mhínigh sé an scéal dom. Théadh spailpíní ó Chiarraí go dtí an Rinn ag obair go dtí na feirmeoirí móra timpeall na háite sin, agus an ramhann a bhí acu bhíodh breis faide inti; níorbh é an déantús céanna é leis an ramhann a bhí thíos i bPort Láirge acu. Chuir duine éigin ceist orthu bliain a bhí scata acu ag teacht go dtí an Rinn – is iad so mo chuntaisí ó Mhaidhc atáim a eachtraí anois, "Mhuise", a dúirt fear na Rinne le fear Chiarraí, "cathain a bheidh bhur ndeireadh aniar?"

"Á, beidh ár ndeireadh aniar," a dúirt sé, "nuair a bheidh ár n-aghaidh siar!"

Maidir le Dixon dó, deartháir Mhaidhc, bhí seanscéalta aige sin agus bhíodar do ghlanmheabhair aige nach mór ó thosach go deireadh. Agus na focail Ghaeilge a bhí ann, is dócha Gaeilge ab ea iad nár thuigeas-sa, agus ní fheadarsa an dtuig Dixon féin iad, ach bhíodar do ghlanmheabhair aige agus bhí an-*job* agam iad a scríobh síos agus is dócha nár scríobhas síos i gceart ná i gcóir iad. Ach bhí seanduine eile ansan ann. Conaire a thugaidís air, Séamas Ó Conaire. Agus ba shin é an duine go gcuireas an-shuim ar fad ann, an fear bocht. Bhíodh sé tamallacha ag bailiú a dhéirce mar bhí sé an-bhocht. Agus bhí tigh aige ar bharr, is dóigh liom, Chnocán an Phaoraigh. Níl puinn móna le baint sa Rinn ná ní raibh sí le ceannach an uair sin. Agus is cuimhin liom aon lá amháin a chuas isteach chuige dhein sé raiste mhór sneachtaidh. Díon stáin a bhí ar an dtigh agus chloisfeá an sneachta ag baint macalla as an stán. Agus bhí sé istigh, an fear bocht, agus na boilg aige ag séideadh na tine agus dorn seanbhróg a bhí aige faoin gciteal ag déanamh braon tae. Agus bhí sé chomh sásta ansan le diúic.

"Ó," a dúirt sé liomsa, "an gcualaís riamh trácht ar thrí mhíle an bhacaigh?"

"Níor chuala, a Shéamais," arsa mise.

"Ó," a dúirt sé, "caithfidh an bacach dul trí mhíle óna thigh féin sara dtosnóidh sé ag bailiú déirce in aon chor."

Thaitnigh an Rinn an-mhór liom. Bhí sé deifriúil le Ciarraí agus na háiteanna mar sin i slí. Bhí deifríocht sa chanúint agus mar sin agus bhíos ag iarraidh labhairt faoi mar a labhradar san ach is dócha nár éirigh liom rómhaith.

"Chuamar amach" – turas 'on Oileán 1973 agus Joe ag caint le Mícheál de Mórdha.

Bhí a lán seanchais i bPort Láirge, i Heilbhic agus sa Rinn mar gheall ar an iascach. Nuair a bhíos-sa thíos ansan bhí bád seoil an uair sin ag fear do Mhuintir Dhonnabháin ag iascach gliomach. Agus chuas féin agus cuairteoir a bhí sa Rinn an t-am céanna – dochtúir ab ea é – chuamar amach. Thug Ó Donnabháin amach lá ag iascach sinn, ag iascach ghliomach. Agus thugas faoi ndeara an deifríocht a bhí sna slite chun éisc, chun na ngliomach a mharú. Bhí na potaí ar aon téad amháin, ní mar a chéile iad agus bhíodar anso againne. Ba bhreá leat a bheith amuigh sa chuan an uair sin agus an seol in airde ag imeacht ó phota go pota. Bhí mórán seanchais ansan acu faoi mar a dúrt. Is dóigh liom nuair a théidís amach ag marú éisc i gcomhair an tí pé duine a bheadh sa bhád bheadh a dharú féin ag gach aon duine agus pé breac a mharódh sé ba é a chuid féin é. Ní mar sin a bhí againne anso i gCiarraí in aon chor ach roinnfí an t-iasc tráthnóna, bíodh is ná maródh cuid dos na daoine aon bhreac in aon chor.

Tar éis tamaill ansan dh'fhágas an Rinn agus thána thar n-ais go Ciarraí. Thugas turas eile ar an Rinn anois agus arís, mar bhíos ann sarar phósas agus bhíos ann tamall tar éis pósta dhom. Ach tháinig Caoimhín Ó Danachair ansan tamall ina dhiaidh sin agus bhí meaisín aige níos fearr chun taifeadadh a dhéanamh – plátaí móra – agus bhailigh sé a lán scéalta ós na seanchaithe thíos ansan go raibh na scéalta bailithe cheana féin uathu ach gur theastaigh uaidh na fuaimeanna a dh'fháil níos fearr. Thugamar turas ar Thuar an Fhíona agus timpeall Charraig na Siúire ansan. Dheineamar iarracht an-láidir an méid daoine go raibh aon tsaghas Gaeilge acu a thógaint síos ar na plátaí sin. Agus tá siad san le clos fós thuas i Roinn an Bhéaloideasa i mBaile Átha Cliath.

Thugas tamall ag bailiú i gceantar Lios Tuathail mar a raibh deartháir dom ina chónaí. Bhí aithne agam ar Bhrian Mac Mathúna agus ar Liam de Brún ansan chomh maith. Thugadar san an-threorú dhom agus is iad a thug amach go dtí Baile Uí Thaidhg mé, áit ar dheineas roinnt a bhailiú. Chuireas aithne ar fhear amuigh i gCurrach an tSúsáin, Diarmaid Ó Cionnfhaola. Jerry Kennelly a ghlaoidís air. Bhí sé sin ábalta ar léamh agus scríobh, is dócha, agus bhíodh leabhartha Gaeilge á léamh aige. Bhí an Ghaeilge aige agus seanchas chomh maith. Is cuimhin liom go maith aon rud amháin mar gheall ar Jerry Kennelly. Bhíos ina thigh lá agus is dóigh liom gurb é Lá Féile Mártan a bhí ann. Bhíos ag seanchas le Jerry agus ní raibh sa tigh ina theannta ach a iníon. Thóg sí amach meaisín fuála chun dul ag fuáil agus stop an t-athair í. Dúirt sé ná raibh sé ceadmhach d'aon duine aon tsaghas rotha a chasadh an lá san. Bhí fear ansan amuigh i nGleann

53

Dathlann timpeall trí mhíle lastuaidh do Bhaile Uí Thaidhg – ní cuimhin liom a ainm anois – agus bhí scéal aige mar gheall ar Oíche na Gaoithe Móire. Bhí síbín sa Ghleann agus Oíche Nollag Beag bhí sé ar oscailt agus bhí daoine ag ól ann go maidin. Áit iargúlta fothainiúil ab ea é agus níor mhothaíodar aon mhiam gaoithe go dtí gur éiríodar aníos le gealadh an lae, agus ansan ní raibh aon tigh ná stáca ná coca le feiscint acu ná raibh leibhéalta. Dh'imigh Oíche na Gaoithe Móire i ngan fhios dóibh.

Rud a chabhraigh go mór liom agus mé ag obair lasmuigh do mo dhúthaigh féin go rabhas tar éis a bheith ag múineadh i mórán áiteanna, seachtain anso agus coicíos ansúd. Chuas thar n-ais go dtí na háiteanna san ag bailiú mar bhí saghas aithne orm. Bhí a fhios agam cá bhfaighinn lóistín, bhí aithne agam ar an múinteoir agus mar sin. Sin é mar a leathnaíos amach. Bhí fear ag múineadh i mBrosna. Is dóigh liom go maireann sé fós ach tá sé an-aosta. Ba shin é Aonghus Ó Laocha.[4] Éiní Leahy a thugaidís air. Bhí sé ina phríomhoide ann. Thugas ráithe ag múineadh ina theannta nuair a bhíos ar seachrán de cheal *job*. Má bhí aon mhúinteoir in Éirinn a thug cabhair do bhailitheoir béaloideasa thug an fear san cabhair domsa. Bhí sé go diail agus mhúin sé an-chuid dom maidir le teacht ar eolas. Cuirim i gcás an sleán a deintí sa cheártain ní bheadh Aonghus sásta mara mbeadh a fhios againn an fhaid agus an leithead agus an faobhar agus gach aon rud a bheadh air. Bhí níos mó spéise ag Aonghus sa bhéaloideas ná mar a bhí agam fhéin. Bhí an-dhúil aige ann. Bhí gluaisteán agam an uair sin ach anois is arís ní théadh an gluaisteán chomh fada le tigh an té go mbínn ag bailiú uaidh. Bheadh an tigh, b'fhéidir, ar bharr cnoic agus gan ag dul suas ann ach bóithrín agus

4. Fuair Aonghus bás 4/9/1986.

is minic a thug Aonghus an eideafón leis ar a dhrom ann.

Bhí Gaeilge an uair sin ag cuid dos na daoine i mBrosna. Bhí ar a laghad cúigear Gaeilgeoirí ar m'aithnese ann. Bhí bean amháin, Lís Ní Churtáin, ann go dtugaidís Bessie Curtin uirthi agus bhí mórán scéalta púcaí agus mórán seanchais ar an seanshaol aici. Ba bhreá leat bheith ag éisteacht léi. Ar Dhroichead Giní a bhí cónaí uirthi. Ach bhí aon tsean-chaí amháin amuigh i Ré Chaisle. Ní fheadar anois cad é an chéad ainm a bhí air, ach is é an leasainm a bhí air 'Scottie' mar thug sé tamall ag obair in Albain, Scottie Cullinane, agus bhí na scéalta aige sin go blasta agus go fírinneach. Ní cuimhin liom aon tréith faoi leith a bhí ina chuid cainte ach is dóigh liom go gcuireadh sé 'f' san Aimsir Fháistineach, 'déanfa mé' agus 'cuirfe me' agus mar sin. Is cuimhin liom oíche a bhí sé sin i Ré Chaisle agus é ag imirt chártaí agus ag insint scéalta dhomsa san am chéanna. Agus déarfainn go raibh na daoine a bhí ag imirt leis as a meabhair aige. Bhí sé ag imirt agus ní dh'imríodh sé an cárta ceart. Níor mhaith leis an imirt, níor mhaith leis éirí as an imirt agus níor mhaith leis mise a ligint síos. Agus sin é mar a bhailíos na scéalta uaidh sin.

Bhí Brosna an uair sin lán do sheanchas agus is ansan a chuala aon scéal amháin. Ní dóigh liom gur chuala in aon áit eile é. Fear a bhí ann agus chuaigh sé go dtí fear leighis nó dochtúir. Níor mhothaigh sé rómhaith. Agus pé rud a dúirt an dochtúir, b'fhéidir go raibh a fhios ag an ndochtúir ná raibh aon ní air ach gur mheas sé go raibh sé breoite. "Níl aon ní ort", a dúirt an dochtúir leis," ach tánn tú ag iompar linbh!"

Bhí san go maith is ní raibh go holc is thóg sé an dochtúir ar a fhocal. Agus bhí sé ag tabhairt an-aire dhó féin. Ní dheineadh sé puinn oibre as san amach, agus ní chromadh sé róthapaidh agus ní ritheadh sé róthapaidh. Ar deireadh thiar bhí sé ag titim chun feola. Ach lá amháin bhí sé amuigh i bpáirc agus theastaigh uaidh 'cúram an rí' a dhéanamh agus shuigh sé síos. Bhí tor aitinn ann agus tor fraoigh agus pé útamáil a bhí air, ach go háirithe, cad a léimfeadh amach as an dtor aitinn ach stumpa mór do ghiorria. Agus nuair a chonaic sé an giorria ag rith siúd leis ina dhiaidh agus gach aon ghlaoch aige air, "Tar anso, tar anso, a dhiabhail," a deireadh sé, "go mbaistfidh mé thú!" Ach níor chuala an scéal san in aon áit eile ach ansan. Ach ní dócha go bhfuil sé san áit sin in aon chor anois mar cailleadh leis an nGaeilge é, a déarfainn.

T: Inis dom i dtaobh na tréimhse a thugais ag obair in Iarthar Chorcaí.

Ó D: Tar éis dom a bheith tamall i gCiarraí Thuaidh, is dóigh liom, a cuireadh go dtí Iarthar Chorcaí mé. Le linn dom bheith ansan – ní fheadar ab é a naoi déag a daichead a haon é – is ea a cuireadh na gluaisteáin phríobháideacha ar fad don mbóthar le heaspa peitril. Go dtí san bhíodh ceithre ghalún nó mar sin sa mhí le fáil ag duine agus bhíodh beagán beag breise le fáil agamsa, ach cuireadh don mbóthar ar fad sinn an uair seo. Mar sin bhí orm tabhairt faoi bhóithre Iarthar Chorcaí ar mo rothar. Thosnaíos i gCom Thóla, agus is dóigh liom gur i dtigh Phádraig Uí Bhriain ar Dhroichead Chom Thóla a bhíos ar lóistín. Con Ó Sé, an múinteoir a bhí san áit an uair sin, a dúirt liom fanacht ansan. Bhí siopa beag acu dar liom anois. Níor fhanas ann ach seachtain nó coicíos nó rud éigin mar sin. Is dóigh liom gur fear do Mhuintir Lúing a bhí mar mhúinteoir ceardscoile thíos ansan timpeall Bheanntraí an uair sin, agus bhailigh sé roinnt ainmneacha. Bhíodar thuas ag an gCoimisiún Béaloideasa agus cuireadh síos mise agus na hainmneacha agam. Bhuel, bhí cuid acu aosta agus ansan bhí an áirithe sin bliain ó bailíodh uathu. Chuas síos ansan ach go háirithe agus bhíos ag bailiú ó Phádraig Ó Ceocháin i gCom Thóla. Ní fheadar an i gCom Thóla a bhí sé féin ina chónaí ach chuireas aithne ansan air. Scéalaí maith ab ea é. Bhí Gaeilge an-bhreá aige agus is cuimhin liom go raibh sé timpeall le deich mbliana is trí fichid nó b'fhéidir os a cionn. Bhí an pinsean aige agus deich mbliana agus trí fichid a gheibhidís an pinsean an uair sin agus bhí sé thuas sa chnoc ansan lá taobh thuas do Chom Thóla in éineacht liom, agus bhí sé faoi mar a bheadh an gabhar ag léim ó charraig go carraig agus chomh cruinn as a chosa agus a dh'fhéadfadh a bheith, agus tá a rian air, mhair sé aos maith. Ba é an fear ba cheolmhaire a chonac riamh ar chnoc é.

Bhí fear breá eile agus ardchainteoir Gaeilge agus Béarla ina chónaí i Meall an Mhanaigh in aice leis an gCaolchoill. Dan Costigan ab ainm dó. An-sheanchaí ab ea é. Nuair a thosnaíos le Dan ar dtúis níor theastaigh uaidh na scéalta a dh'insint ach i mBéarla dhom. Is dóigh liom gurb é an bun a bhí aige leis sin go mbeadh a chuid cainte le tuiscint ag an gclann nuair a sheimfinn thar n-ais smut don bhfiteán. Ní raibh aon teora leis an méid filíochta is eile a bhí ina cheann agus scéalta an-dheasa agus an-shuimiúla. Bhailíos i mBéarla agus i nGaeilge uaidh agus is mó tráthnóna a chaitheas ina theannta. Táim ag cuimhneamh ar Dan mar gheall ar rud amháin go háirithe. Thug sé amach mé lá agus bhain sé caillichín, is dóigh liom. Ní fheadar ná gur caillichín a thugann siad ar fás fuinseoige a bheadh a trí nó a ceathair do bhliana. B'fhéidir nach ea. Agus theaspáin sé dhom cúpla slat eile agus blúire do choirdín a dhein sé féin as ruaimneach. Bhí sé chomh caol le snáth a bheadh agat ag cniotáil stoca, agus bhí sé déanta chomh láidir aige agus theaspáin sé dhom conas breith ar naoscaigh le traip. Dhein sé ceann dom agus thugas suas go dtí an Museum i mBaile Átha Cliath é. Tony Lucas a bhí ann an uair sin. Ach gan dabht tá na slata cruaite agus dreoite, is dócha, anois faoin dtráth so. Ba shin naoi déag a daichead a haon nó rud éigin, agus is mó braon uisce gafa le fánaidh ó shin agus is mó slat dreoite, agus is é an áit a theaspáineas do Tony Lucas conas an traip a chur ar tinneall ná thíos ag an áit a bhí dealbh, is dóigh liom banríon Victoria, taobh amuigh do Theach Laighean nó áit éigin ansan. Ach thíos ag a chosa san a bhí traip na naoscach curtha agamsa. Dh'fhiafraíos do Dan cén ainm a bhí ar an dtraip sin, agus liathadh clis a thug sé air. Ní chuala an ainm ag éinne riamh roimis sin ná níor chuala an ainm ag éinne ó shin.

Is dóigh liom gur ansan is mó a thugas faoi ndeara go raibh ranna filíochta i mórán dos na scéalta a bhí ann agus i mórán dos na heachtraithe chomh maith. Agus má bhí aon amhrán acu bhí scéal i gcónaí ag gabháil leis an amhrán.

Sin é an áit leis, caithfidh mé a rá, nár mhór do dhuine aire a thabhairt dó fhéin cad déarfadh sé! Dúrt aon uair amháin ansan nuair a chuas go dtí duine áirithe, dúrt le duine: "Tá i bhfad níos mó scéalta aige ná mar a mheasann sé." Agus casadh an scéal i slí áirithe agus nuair a chuas-sa chuige thar n-ais ní labharfadh sé liom in aon chor. Bhuail sé síos don tseomra agus pus air chomh luath agus a chonaic sé an doras isteach mé. Is ea, b'ait liom cad a bhí air mar fear an-dheas ar fad ab ea é. Ach cad a bhí ach gur tháinig an scéal chuige go ndúrtsa "go measann sé go bhfuil mórán scéalta aige ach ná fuil." As san amach deirinn go raibh gach éinne go maith, an-mhaith ar fad. Agus ní bhriseann focal maith fiacail a deirtear, ach mhúin sé sin ceacht domsa i gcomhair an bhóthair arís, mar is minic a cuirtí ceist ormsa "Cén seanchaí is fearr a bhuail leat fós?" agus deirinn i gcónaí, más é an seanchaí féin a chuireadh an cheist orm, "Tusa, gan dabht, tusa an fear is fearr a bhuail fós liom!" Is dócha ná raibh sé mácánta é a rá leo. Ach is minic a chuireadh daoine eile ceist orm "Cén seanchaí is fearr a bhuail leat fós?" Agus is dócha gurb í sin an cheist ba dheacra a réiteach mar bhí oiread san saghsanna seanchaithe agus scéalaithe ann nárbh fhéidir iad a chur i gcomórtas. Ní raibh aon oidhre orthu ach daoine a bheadh in aon tsaghas comórtais, faoi mar a bheadh duine a bheadh go maith chun cártaí agus é a chur i gcomórtas le duine a bheadh go maith chun peil a dh'imirt. Déarfá "Cé acu ab fhearr?" Bhí an seanchaí ann ná raibh aige ach na scéalta fada, díreach faoi mar a bheadh amhránaí. Bhí an seanchaí eile ann agus is é stair na háite a bhíodh aige. Criomhthanach a bhí thuaidh ar an gCill, dúirt sé liomsa go mbeadh na scéalta fada aige fhéin chomh maith le héinne mar go rabhadar ag a athair, ach nár chreid sé iad, nár chreid sé go raibh aon phioc don bhfírinne i scéalta mar gheall ar Fionn Mac Cumhaill agus an Gadaí Dubh

Joe agus Charlie (Seán Ó Conchúir) ar an gCeathrúin.

agus iad san. Ach mar sin fhéin chreid sé go bhféad-
fadh na púcaí teacht isteach sa tigh istoíche agus gal
breá tobac a bheith acu ann.

T: An raibh an tigh airneáin fós ann nuair a thosnaís
ag bailiú béaloideasa?

Ó D: An-áit bothántaíochta ab ea Dún Chaoin sa
gheimhreadh ach ó Lá 'le Pádraig amach bhíodh na
daoine ag scaipeadh is ag fanacht ag baile dóibh féin
nuair a bhíodh an t-earrach ann. Ach sa gheimhreadh
bhailíodh daoine isteach inár dtighne toisc an páipéar
a bheith ann. Tigh mór cártaí ab ea tigh Neaic, tigh na
gCíobhánach i mBaile na Rátha, agus b'fhada leo go
mbeadh béile na hoíche críochnaithe. Bheidís ag
seasamh timpeall ag feitheamh le tosnú agus ansan
raghaidís chun an bhoird agus shocróidís cén cluiche a
bheadh acu.

T: Bhí an-bhaint ag an solas nó ag an easpa solais
leis an rud a bheadh ar siúl istoíche, léitheoireacht nó
scéalaíocht nó pé rud é?

Ó D: Bhuel, tógadh mise, is dócha, le linn athrú na
solas. Chonacsa geitire i dtithe agus aimsir an
chogaidh bhíos ag scríobh béaloideasa le solas giúise
sa tine thíos in Iarthar Chorcaí. Ansan bhí *jet* pholl an
adharta ann. Ba dhóigh leat gur *taypot* é sin, stán a
bhíodh déanta ag tincéirí agus blúire cadáis amach as,
agus é lán le pairifín nó le geas, faoi mar a
thugaimídne air, agus solas as. Ní bheadh aon ghloine
air. Agus ansan tháinig an lampa a bhí ar crochadh ar
chliathán an fhalla. Tháinig an lampa chliathán an
fhalla arís agus scáthán taobh thiar dó. Agus ansan
tháinig an lampa a bhí ar crochadh ar dtúis go raibh
aon bhuaiceas amháin ann agus ansan go raibh dhá
bhuaiceas ann. Ansan tháinig an *Calor Gas*, agus
tháinig an solas leictreach. Ach bhí tigh i mbun cnoic
ansan go mbíodh tarrac ar mhóin ann, uaireanta
bhíodh cnocán móna i gcúinne an tí ón dtaobh istigh

agus chuirfeadh duine a bhíodh ag bothántaíocht i ngan fhios d'fhear an tí, b'fhéidir, dhá fhód isteach sa tine nuair a bhíodh sí ag dul in éag. Dá mbeadh tine bhreá ann is suarach an solas a dhéanfadh tú mar bheidís ag cur síos ar aontaí is ar chaoirigh is ar aicídí is mar sin. Níl aon bhaol ná go mbeadh a scéal fhéin ag gach éinne. Sin é mar a chiorraídís an oíche.

T: Ní bheadh aon léamh ar siúl gan solas cuíosach maith a bheith sa tigh?

Ó D: Ó ní fheadfadh aon léamh a bheith ar siúl. Sin é an chúis go dtagadh mo dhuine, an 'Pápa' Pádraig de Brún ó Bhaile Bhiocáire go dtí ár dtighne le solas an lae i gcónaí mar ní raibh an radharc rómhaith aige. Chaill sé an radharc ar fad ar deireadh, an fear bocht, ach sara raghadh an ghrian faoi bheadh sé chugat agus é idir dhá lín an dorais agus feidhre spéaclaí aige is é ag léamh.

T: An mbíodh mórán léitheoireachta ar siúl i bhur dtighse?

Ó D: Thagadh an páipéar go dtí m'athair, faoi mar a dúrt cheana, agus b'fhéidir go léifeadh sé fhéin smut dó, ach b'fhéidir go mbeadh obair a bhaineas leis an scoil le déanamh aige agus thiocfadh sé isteach – tigh mór bothántaíochta ab ea ár dtighne – agus ansan léifeadh duine éigin aon phíosa suaithinseach a bheadh ann. Agus nuair a bheadh sé sin léite bheidís á phlé eatarthu fhéin. Is é an chuimhne is sia siar agamsa, an dtuigeann tú, ná an Chéad Chogadh Mór a bhí ann, agus bhíodh píosaí as an gcogadh ansan. Ach thagadh daoine timpeall agus dheineadar amach, is dócha, aon duine a bhí ag obair faoin Rialtas go raibh sé ar thaobh Shasana agus aon duine ná raibh go raibh sé ar thaobh na Gearmáine, ar thaobh an *Kaiser.* Na pinsinéirí dheineadar amach dá mbuafadh an *Kaiser* ar Rí Shasana go mbainfí an pinsean dóibh. Sin é an tinneas a bhí sé a chur orthu. Agus bhídís ag fiafraí ansan cad a bhí ar an bpáipéar, conas a bhí an cogadh ag dul ar aghaidh. Sin é an uair díreach a bhí Scoil Dhún Chaoin á thógaint agus Jack Flahive a bhí ag tógaint na scoile. Is é an conraitheoir é nó an tógálaí a bhí ann. Agus níor labhair Jack Flahive riamh – ón nDaingean ab ea é – níor labhair sé focal Gaeilge riamh. Tháinig fear go dtí Jack agus é ag caint le m'athair i mBéarla, agus is é an rud a dúirt sé: "Four of your ships is down", is é sin ceithre long le Sasana a bheith curtha go tóin poill an lá san.

Lasmuigh do Dhún Chaoin bhí léitheoireacht ag Maidhc Pheaidí Dhonncha i mBaile an Lochaigh. Bhí léitheoireacht ag Deamhainí ó Bhaile an Lochaigh. Bhíos ag eachtraí cheana ar Sheán Ó Muircheartaigh agus bhíodh an *Kerryman* á léamh aige sin. Seán Ó Grífín, i gCathair Boilg, fear mór léitheoireachta, bhíodh an *Kerryman* aige agus an páipéar laethúil agus gach aon ní. Bhí léitheoireacht acu agus bhíodar go maith chun léitheoireachta, ach bhí na scéalta acu chomh maith.

T: An mbeadh léamh an Bhéarla ag daoine ná beadh léamh na Gaeilge acu?

Joe le hábhair múinteoirí i Scoil Dhún Chaoin.

Ó D: Bhí scata Éireann sa pharóiste seo agus bhí léamh an Bhéarla go blasta acu ach ní raibh léamh na Gaeilge, mar is é mo thuairim gur rang faoi leith i Scoil Dhún Chaoin go ndeintí léamh agus scríobh na Gaeilge a mhúineadh dhóibh agus go mórmhór na hardranganna – dh'fhanaidís ar scoil an uair sin sa hochtú rang agus mar sin, agus sin iad is mó go raibh léamh na Gaeilge acu. Cuid acu ná raibh aon dúil mhór acu i léamh na Gaeilge mar ná raibh aon abhar léitheoireachta acu, ach bhí abhar léitheoireachta sa Bhéarla go maith acu. Athair mo chéile, abair, bhí sé ábalta ar pháipéar a léamh go maith agus litreacha ó Mheiriceá a léamh i mBéarla, ach ní dóigh liom go ndeineadh sé aon lámh ar an nGaeilge. Deir Bab Feiritéar fhéin ná deineadh a hathair aon lámh ar an nGaeilge, ach mar sin fhéin is dócha gur comhaos dó san ab ea John Leairí Ó Cíobháin a bhí thiar i mBaile na Rátha agus Seán an Chóta Ó Cíobháin chomh maith agus iad san, agus bhí léamh agus scríobh na Gaeilge acu san go maith mar chloisinn Johnny Leairí á léamh thuas inár dtighne, paiste Gaeilge nó rud éigin a bheadh sa pháipéar, mar caití an páipéar a léamh go poiblí inár dtighne díreach faoi mar a bheadh, faoi mar a déarfá, an raidió inniu, gach éinne ag éisteacht. Bhíodh a thuilleadh istigh a bhí abálta ar léamh chomh maith ach bhíodar róleisciúil. B'fhearr leo a bheith ag éisteacht.

T: An raibh léamh an Bhéarla ag Peig Sayers?

Ó D: Bhí léamh an Bhéarla an-mhaith ag Peig Sayers agus nuair a bhínnse ag tabhairt turais uirthi ansan aimsir an chogaidh – nuair ná raibh caoi taistil agam i bhfad ó bhaile thugainn turas go mion minic ar Pheig – ba é mo chúram, nuair a gheibhinn an páipéar, é a thabhairt chuici. B'fhéidir go mbeadh sé lá aoise nó dhá lá aoise ach níorbh fhearr le Peig díreach ón tsráid é, agus shuíodh sí síos ar a cathaoir agus shíneadh sí uaithi amach é, faid a dhá lámh uaithi amach, agus cuireadh sí siar a ceann agus léadh sí na cinnteidil a bhíodh air. Agus is maith is cuimhin an lá a chuas chuici, agus shuigh sí síos ar chathaoir bheag íseal agus chóirigh sí í fhéin i gceart. Bhí cló mór dubh ar bharr an pháipéir 'Hitler dead' agus léigh sí amach: "Hitler is dead, and the divil mend you, Molly!" a dúirt sí. Bean tincéara, do réir dhealraimh, ab ea Molly mar chuireas an cheist ar Pheig, agus thóg na póilíní thíos i gCorcaigh í. Nuair a tháinig an tuairisc go dtí a fear céile go raibh sí sa phríosún sin é a dúirt sé: "The divil mend you, Molly". Bhí clann Pheig i Meiriceá agus ba dhóigh leat nuair a labhradh Peig gur i nGaeilge a scríobhaidís chuici féin ach is é mo mhórthuairim nárbh ea ach ní fhéadfainn é sin a dheimhniú in aon chor.

Agus ansan bhí léamh agus scríobh na Gaeilge ag Tomás Dhónaill a bhí istigh san Oileán, Tomás Criomhthain, agus chloisinn Peaidí Landers á rá gur thíos i mBaile Ícín a dh'fhoghlamaigh sé sin a chuid Gaeilge mar bhí Seán Moriarty mar *monitor* ar scoil ag m'athair, nó gairid dó ach go háirithe. Bhí sé fada a dhóthain ar scoil agus chloisinn agus mé ag éirí suas gurb ardscoláire é agus go ndeineadh sé filíocht agus mar sin agus chuala Peaidí Landers á rá gurb é sin é a mhúin scríobh agus léamh na Gaeilge do Thomás Criomhthain. Agus sin é a thug dó é mar bhí Peats Mhicí Ó Catháin, an Rí, suas an t-am céanna agus ní dóigh liom go raibh scríobh na Gaeilge ná léamh na Gaeilge ag Peats.

T: An é d'athair, an *'Common Noun'*,[5] a thug léamh agus scríobh na Gaeilge isteach go Dún Chaoin?

Ó D: Ó is é m'athair a thug scríobh agus léamh na Gaeilge isteach go Dún Chaoin, agus is dóigh liom go

5. Seán Ó Dálaigh, O.S., Dún Chaoin.

raibh scríobh agus léamh na Gaeilge i ranganna faoi leith tosnaithe i nDún Chaoin mar abhar breise sara raibh sé i mórán scoileanna timpeall.

T: Cad iad na leabhair Bhéarla go raibh cur amach ag muintir na háite orthu agus a bhíodh á léamh acu?

Ó D: Bhuel nuair a bhíos ag éirí suas ach go háirithe bhí iascairí ann, bhíodar pósta agus a gclann á dtógaint acu, agus dá raghadh duine acu don Daingean ní bheadh aon mheas air mura dtabharfadh sé leis abhaile – dhá phingin an ceann is dóigh liom a bhí orthu – *Buffalo Bills* agus *Sexton Blakes* agus *Sherlock Holmes.* Agus bhídís á n-aistriú timpeall ach bhí aon namhaid amháin acu ach go háirithe agus bhíodh sé i gcónaí ag lorg iasacht dos na scéalta, agus b'shin é an 'Pápa' mar thugadh an Pápa isteach don leabaidh an leabhar, agus lasadh sé coinneal agus shíneadh sé siar sa leabaidh agus nuair a theastaíodh uaidh a phíp a dheargadh, chloisinn iad á rá ach go háirithe, ná deineadh sé faic ach an leathanach a bhí díreach léite aige a chur ar an gcoinneal agus sin é a dheargaíodh a phíp. Dh'aithneofá aon cheann dos na *Buffalo Bills* a bhí léite ag an bPápa. Bheadh an áirithe sin leathanach in easnamh.

Bhí fear eile ann agus bhíodh sé ag léamh na *Buffalo Bills* leis agus bhuail sé liom, – ní fadó a cailleadh an fear bocht, Jimmy Mhártain – agus bhí sé ag caint liom babhta. "Dhera an diabhal, a Joe", a dúirt sé "is dócha nach fíor in aon chor iad!" Ansan bhí *Ireland's Own* ann, agus thaitníodh *Ireland's Own* an-mhór ar fad leo so mar bhíodh scéalta ann agus bhíodh tomhaiseanna ann. Ní dóigh liom go mbíodh aon Ghaeilge ann ach thaitníodh sé an-mhór leo. Agus abhar an-mhór léitheoireachta ab ea *Old Moore's Almanac* nuair a thagadh sé. Is dóigh liom go dtagadh sé amach um Shamhain nó am éigin mar sin i bhfad Éireann roimh dheireadh na bliana agus léidís é sin ó chlúid go clúid. Bhíodh sé ag teastáil uathu chomh maith mar choimeádadh sé cuntas ar aontaí agus choimeádadh sé cuntas ar an aimsir, ar an ré, ré nua, ré lán agus ar na taoidí agus mar sin agus bhainidís an-úsáid agus an-thaitneamh as. Bhíodh ranna beaga Béarla leis ann. Dheinidís an-ghéilleadh do *Old Moore.*

Tháinig *Our Boys* ansan tar éis tamaill agus is dóigh liom gur ós na scoileanna a tháinig sé sin, ach dar liom ná raibh an greim céanna aige sin agus a bhí ag *Ireland's Own,* go raibh sé beagáinín leanbaí dos na daoine a bhí ag cur spéise sa léitheoireacht. Bhí na páipéir gan dabht ag teacht. Bhíodh páipéar ag teacht gach aon lá go dtí m'athair, chomh fada le mo chuimhnese féin ach go háirithe. Thagadh sé tríd an bpost chuige. An t*Independent* a bhí an uair sin ann. Agus thagadh páipéar na Máirte Dé Céadaoin is mar sin. Ach faoi mar a dúrt cheana bhíodh sé sin á léamh poiblí sa tigh. Agus rud eile a thagadh ansan ná an *Christmas Number* dos na páipéir sin ar fad. Thagadh an *Holly Bough* ón *Examiner*, agus thagadh *Christmas Number* an *Independent* agus mar sin, agus bhíodh an-léitheoireacht ar fad acu orthu san.

T: Cathain is mó a deintí an léitheoireacht?

Ó D: Ó bhíodh léitheoireacht á dhéanamh sna tithe ar ócáidí deifriúla. Bhí a fhios agam daoine agus thagaidís go dtí an dtigh chugainne tar éis an phoist mar bhíodh a fhios acu go raibh an páipéar tagtha. Agus b'fhéidir go mbíodh feidhre spéaclaí acu fhéin nó lorgaídís iasacht feidhre spéaclaí ar m'athair, agus thugaidís leo an páipéar amach go dtí béal an dorais, agus is é an chúis go dtagaidís sin chomh luath sa tráthnóna le solas an lae ná ní fhéadfaidís léamh istoíche. Bhí seanuncail domsa, uncail m'athar – is dócha gur deartháir do Dhónall Máistir ab ea é. Muiris ab ea é agus bhí seanfheidhre spéaclaí aige sin, agus snáithíní – ní bhíodh *wire* chomh flúirseach ag imeacht an uair sin agus atá anois – snáithíní a bhí á gcoimeád le chéile, bhíodar briste chomh minic sin. Bhíodar scoilte agus gach aon ní agus bhíodh an-*job* aige iad a chur trasna ar a dhá shúil, agus théadh sé go dtí béal an dorais leo agus léadh sé an páipéar.

Bhí fear thiar i mBaile an Ghleanna agus an *Weekly Freeman* a thugadh m'athair air. Go deimhin fear mór leasainmneacha do b'ea m'athair, ach ní bhíodh aon doicheall ag muintir Bhaile an Gleanna roimis na leas-ainmneacha a thugadh sé orthu mar is ina measc a tógadh é. Ach an *Weekly Freeman*, agus is dóigh liom go dtagadh an *Weekly Freeman* chuige sin nó neach cé acu má raghadh éinne don Daingean nó aon rud go dtugadh sé chuige é, ach ba shin é Tomás Mhaitiais. Cathánach ab ea é, ach deinim amach gur toisc an *Weekly Freeman* a bheith á léamh aige a tugadh an *Freeman* air.

Bhí líon tí buailte linne ag baile. Conchúraigh ab ea iad. Duine acu Peats Connor go raibh aithne agamsa air. Bhí deartháir dó ina mhinistir thíos i gContae Uíbh bhFáilí agus chuireadh sé sin an *Weekly Irish Times* go dtí Peats agus léadh sé sin é. Ach níor mhaith le mórán daoine in aon chor an páipéar san a léamh. Dheineadar amach gur páipéar Protastúnach é agus ní fheadar ná go ndeinidís amach gur saghas peaca é a léamh. Bhí léamh agus scríobh ag na Conchúraigh sin ar fad ar feadh glúinte siar. Séamas Bán Ó Conchúir a chum an t-amhrán 'An Cnoicín Gearra Fraoigh', ba shin é seanathair Pheats Connor, agus dh'fhiafraíos do Shéamas 'Tiúí' Ó Cíobháin ó Ghleann Loic nuair a chum Séamas Bán an t-amhrán ar scríobh sé síos é agus is é oipineon Shéamais nár scríobh ach gur choimeád sé ina cheann do ghlanmheabhair é.

T: An dtagadh aon pháipéir nó irisí Gaeilge don cheantar?

Ó D: Bhí An *Claidheamh Soluis* ag teacht, is dócha, i mo chuimhne féin, agus An *Lóchrann* mar bhíodh scéalta curtha isteach ann ag cuid de mhuintir na háite agus ag muintir an Oileáin, agus cé go raibh an scéal ar eolas ag na daoine ba bhreá leo é a léamh amach arís as an gcló, an dtuigeann tú. Bheadh breis crot air nuair a bheadh sé i gcló.

T: An léití leabhair scéalta leis faoi mar a léití páipéir?

Ó D: Bhí an-éileamh ar fad ar na leabhartha a chuir An Seabhac amach. Is cuimhin liom agus mé óg, ba bhreá le mo chroí a bheith ag éisteacht le duine éigin ag léamh An *Baile Seo 'Gainne* ar an dtinteán againne. Ní bhínn fhéin ag dul amach ag bothántaíocht in aon chor an uair sin. Ach léití cúpla scéal dó san gach aon oíche. B'fhéidir nach é an fear céanna a léadh é. Bhí *Leite Dhoncha Pheig* ann agus gheibhidís sásamh an domhain as *Flúirsín* agus na scéalta san. Agus ansan nuair a tháinig *Jimín* amach is dócha go rabhas féin fásta suas, ná rabhas ceangailte chomh mór leis an dtigh an uair sin, ach is cuimhin liom An *Baile Seo 'Gainne* go mórmhór agus é á léamh sa tigh, agus ní bhíodh gíog as éinne ach ag éisteacht leis, agus gheibhidís an-shásamh ar fad ann agus i *Liam na Giúise* agus iad san. Ina dhiaidh sin bhí sé againn ar scoil ach níor mhar a chéile in aon chor é mar leabhar scoile. Níl aon teora le bheith ag éisteacht in ionad a bheith ag léamh tú fhéin. Agus bhí ceann eile ann, is dóigh liom, An *Gréasaí*. Bhí a lán leabhartha ag teacht amach an t-am céanna agus bhí Beirt Fhear ag scríobh agus léití na leabhair sin inár dtighne. Is dóigh liom go raibh Tórna ag scríobh leis. Ach bhí aithne acu ar Thórna mar dh'fhanadh sé inár dtighne uaireanta. Thagadh sé ó Chorcaigh aníos agus dh'fhanadh sé sa tigh, agus bhí aithne acu air.

Bhuel, is sa gheimhreadh a deintí an léitheoireacht,

ní sa tsamhradh. Ní bhíodh puinn daoine ag bothántaíocht i gcorp an tsamhraidh. Ach sa gheimhreadh bhíodh na hoícheanta fada agus ní raibh aon tslí eile chun an oíche a chiorrú ach amháin mara mbeidís ag scéalaíocht agus ag cur síos ar na comharsain agus ag argóint. Agus bhí fear amháin ach go háirithe ann, is ón mbaile ab ea é, ach bhí a ainm in airde chun argóna. Scéal éigin a léigh sé ar pháipéar, agus fiafraíodh dó oíche amháin a bhí sé ag caint agus ag argóint, "Cén páipéar go bhfeacaís é sin?" "Chonac", a dúirt sé, "páipéar a bhí casta ar ghráinne tae a fuair mo dheirfiúr Peig sa tsiopa." Agus níorbh fhéidir é a bhréagnú ansan mar ní fheadair éinne cad é an páipéar é sin. Ach bhíodh sé ag léamh na bpáipéar, níl aon bhaol ansan, ach bhí fonn argóna ar m'athair. Ba chuma leis ach a bheith ag bréagnú na ndaoine.

T: Cén t-am den oíche a thosnaídís ag léamh?

Joe féin ina luí ar an seitil; cá bhfuil an scéalaí?

Ó D: Bhuel nuair a bhíos-sa óg is dócha formhór an pharóiste ar fad is béile mór a bhíodh tar éis faobhar na hoíche acu sa gheimhreadh, prátaí agus má dh'fhanfadh aon anlann spártha tar éis dinnéir nó iasc nó mar sin. Ghluaisidís amach ag bothántaíocht ansan. Bhíodh a dtigh fhéin ag gach aon duine acu. Thagadh b'fhéidir Johnnie Leairí agus Seán Ó Cíobháin go dtugaidís Dálaí air chugainne. Bhí Dálaí *all right* an fear bocht. Bhíodh sé éirithe an-mhoch ar maidin agus thiteadh a chodladh ar an seitil air. Agus is é an príomhrud a thugadh go dtí ár dtighne iad ná scéalta an pháipéir nó a bheith ag éisteacht le smut as *An Baile Seo 'Gainne* nó as *Jimín* nó mar sin.

T: D'fhágaidís na tithe go luath, is dócha, chun dul abhaile?

Ó D: Ní hé an t-am céanna a dh'imíodh gach éinne acu. Dh'imíodh na daoine críonna. B'fhéidir ná tiocfaidís in aon chor dá mbeadh sé an-dhorcha mar ní bhíodh aon lantaeirí acu. Ach thagaidís oícheanta gealaí, agus an dream eile bhíodar san ábalta ar a slí a dhéanamh pé doircheacht a bheadh ann. Agus bheadh a fhios againne, ach go háirithe, go raibh duine éigin acu breoite nó rud éigin tite amach ag baile aon oíche ná tagaidís.

T: An mbíodh teacht ag na daoine seo ar na leabhair a thagadh ón gCoimisiún Béaloideasa?

Ó D: Bhí Irisleabhar Chumann Béaloideasa Éireann ag teacht amach ceart go leor. Ach ní mór a chonacsa dhó i dtosach. Ní fheadar an mbíodh sé ag teacht go dtí m'athair nó ná bíodh. Ní fheadar an mbíodh aon éileamh agam fhéin air mar bhí cuma an-thirim air. Ní raibh pictiúir ná faic in aon chor ann do dhaoine óga, ach saghas leathanach i ndiaidh leathanach, agus ceannteidil agus uimhreacha beaga thíos ina bhun, rud éigin a chuirfeadh scanradh ort. Ní dóigh liom go raibh éileamh chomh mór san air.

Joe le Bo Almqvist a chaith seal ag plé le *Béaloideas*.

T: An mbíodh leithéidí *Cath Fionntrá* de leabhair ag gabháil timpeall?

Ó D: Má bhí leabhair ar nós *Cath Fionntrá* ag gabháil timpeall is go fuar agus go fánach é mar ná raibh na leabhair acu. Ach bhíos-sa ró-óg, is dócha, nuair a chuir An Seabhac a leagan féin ar *Cath Fionntrá.* Agus chomh fada le m'oipineon fhéin agus le mo thaithí fhéin ní raibh *Cath Fionntrá* chomh daingean san ar fad sa bhéaloideas in aon chor. B'fhéidir go raibh sé roimis an nglúin a chonacsa ach is amhlaidh a bhí eachtraithe amach as – nuair a bhí Oscar ag troid le Mac Dháire Donn agus mar sin – míreanna mar sin amach as, sin é a bhíodh acu. Ansan tháinig sé sa tsaol – ambaiste is dócha go bhfuil céad go leith bliain ann nó os a chionn anois – tháinig an *Cat Breac* amach, agus mhúin sé sin Gaeilge do dhaoine ná raibh léitheoireacht na Gaeilge acu ná scríobh na Gaeilge. Agus bhí seanbhean amháin, Bean Uí Chonchúir, bhí sí ag Crosaire Bhríde Bhán, faoi mar a thugaidís uirthi, mar Bríde Bhán a tugtaí uirthi féin, agus bhí sí ag eachtraí dhom lá a bhíos istigh aici ar scéal éigin a bhí i leabhar agus dúirt sí gur léigh sí é. Dh'fhiafraíos di conas a dh'fhoghlamaigh sí an Ghaeilge agus dúirt sí gurb í fhéin a dh'fhoghlamaigh an Ghaeilge mar go mbíodh leathanach i mBéarla agus leathanach i nGaeilge sa *Cat Breac,* agus léadh sí gan dabht go fonnmhar an Béarla agus dh'aistríodh sí fhéin an Béarla ansan mar bhí sé ann, 'Cat breac – a speckled cat'. Agus bhí a fhios aici fhéin gur cat breac an ainm a bheadh ar *speckled cat,* agus is dócha go raibh an nós nua aici, 'Féach agus foghraigh' nó pé rud é, agus dh'fhoghlamaigh sí an léitheoireacht mar sin, a dúirt sí liom fhéin, mar ní dóigh liom go raibh léamh ná scríobh na Gaeilge á mhúineadh mar abhar breise i Scoil Cheann Trá.

Bhí fear ansan i mBaile an Liaigh – Cíobhánach ab

ea é – bhí sé an-mhór liom, agus is é an chúis go raibh sé mór liom thugas marcaíocht go dtí Ráiseanna an Daingin dó lá a bhíos ag dul go Trá Lí. Scaoileas uaim ag Baile an tSagairt é. Bhí sé á leanúint suas liom ar feadh i bhfad. Aon áit a bhuaileadh sé liom bhíodh sé ag tathant dí orm. Ach is é an rud deireanach a bhí sé ag tathant orm, ach go háirithe, tharraig sé aníos as a phóca é – bhí sé lán do shú agus lán d'fhilltíocha agus cúinní imithe dhó – ná leabhar Gaeilge, an seanchló agus gach aon rud air, *Tadhg Gabha*, agus chuala cur síos air.

Ní fheadar ar léas riamh an leabhar céanna mé fhéin, ach bhí sé á thabhairt dom agus ní ghlacfainn uaidh é mar bhí a fhios agam go gcaillfinn é agus ná beadh sé agam le tabhairt dó. Chuala daoine eile á rá mar gheall ar an leabhar céanna go mbíodh daoine ag

Joe, Molly Ní Chonchúir, Heinrich Wagner, Peig, agus Máire Ní Chonchúir.

iarraidh é a léamh agus gur *Tadhg Gaba* a ghlaoidís mar ainm ar an leabhar.

T: Dealraíonn sé gur bhreá leis na scéalaithe bheith ag insint na scéalta.

Ó D: Tógaim Maras Sheáin Connor. Théinn chuige. Ní raibh sa tigh ach é fhéin is a dheartháir agus iníon deirféar dó, agus bhíodh tine bhreá aige. Chomh luath is a chíodh leaideanna an bhaile ag teacht mise bhídís bailithe isteach agus fáinne déanta timpeall acu, cuid acu beag is cuid acu mór is mar sin. Bhuel ní bheidís romhór, leaideanna scoile abair, agus iad ag éisteacht le Maras. Agus ba bhreá le Maras a bheith ag insint na scéalta dhóibh sin agus domsa chomh maith. Gheibheadh sé sásamh ceart ann, is dóigh liom, agus bhí na scéalta an-chruinn ar fad aige. Ba mhaith leis iad a bheith cruinn aige mar bhí daoine eile agus ní rabhadar rófhada ó bhaile uaidh ar fad, agus bhíodh daoine á rá ná raibh na scéalta cruinn acu san in aon chor, go raibh mórán scéalta acu ach go rabhadar neamhchruinn, ach go raibh Maras an-chruinn ar fad. Tá cuid dos na daoine sin anois a bhíodh ag éisteacht leis, tá siad éirithe suas, tá siad pósta, tá clann óg éirithe suas nach mór acu, agus tá cuid dos na scéalta san fós ina gceann. Dh'fhoghlamaíodar an uair sin iad ach toisc nár dheineadar aon chleachtadh as san amach orthu chailleadar iad. Níor thug Maras síos don chré aon scéal mar tá siad tógtha síos. Ach gheibheadh sé an-shásamh i slacht a chur ar scéal.

T: Ar bhainis aon úsáid as an mbailiúchán béaloideasa a deineadh i mbunscoileanna na tíre sna tríochaidí?

Ó D: Bhuel, bhaineas-sa úsáid as bailiúchán na scoile, ní mar gheall ar an mbéaloideas a bhí iontu ach fuaireas liosta ainmneacha astu nuair a chuas go Baile Átha Cliath, agus nuair a bhíos ag teacht anuas go dtí Iarthar Chorcaí agus síos go Port Láirge thugas liom

liosta dos na daoine dóchúla, daoine a mheasas a bhí
beo fós agus liosta beag dos na scéalta a bhí acu, agus
bhí a fhios agam go raibh na scéalta san bailithe.
B'fhéidir gur bhailíos arís iad – ní cuimhin liom anois
é – agus b'fhéidir gur bhailíos leis an eideafón iad, ach
dhein sé an-threoir ar fad dom chun seanchaithe a
dh'aimsiú.

T: Agus tú ag bailiú an ndeinteá an cúram céanna de
scéal Béarla agus a dheinteá de scéal Gaeilge?

Ó D: Mar a chéile. Sealgaire ab ea mise, agus ba
chuma liom ach mo leabhar a líonadh.

T: An raibh aon deifríocht idir an abhar a bhailís i
mBéarla agus an t-abhar a fuairis i nGaeilge?

Ó D: Ó bhí deifríocht mhór san áit go raibh an
Ghaeilge imithe ar fad as, abair. Ní raibh aon scéalta
fada gaisce ná fiannaíochta acu san. Bhí eachtraithe
púcaí, eachtraithe bruíonta, aontaí, agus dhera, pátrúin
agus gach aon rud mar sin acu. Chailleadar na scéalta
fada trí chúis amháin nó cúis eile. Na scéalta fada
fiannaíochta, abair, bhíodh cóiriú catha iontu. Agus
b'fhéidir go mbeadh cuid don scéal sa Bhéarla, ach ní
bheadh an cóiriú catha ann in aon chor. Ní raibh aon
tseans go mbeidís sin i scéalta an Bhéarla ach b'fhéidir
in áiteanna. Bhí fear amháin, ach go háirithe, bhí sé
ina chónaí in áit go dtugtar Baile Nóinín air. Is dóigh
liom gur fear do Mhuintir Bhreatnach ab ea é, in aice
le hEas Daoi, i gContae Luimní. Is dóigh liom go
raibh coiscéim bhacaí ann. Bhí na scéalta fiannaíochta
i mBéarla aige ach ní raibh an cóiriú catha in aon
cheann acu. Ní fheadar cá bhfuair sé na scéalta.
B'fhéidir gur léigh sé as leabhar Crofton Croker iad
ach bhíodar aige agus ba mhaith leis a bheith á n-each-
traí, agus más i leabhar é, bhíodar do ghlanmheabhair
aige, ach go háirithe. Thógas síos gach aon scéal dá
raibh aige agus chuir sé iontas orm an lucht éisteachta
a bhíodh istigh. Ní fheadar an ag éisteacht leis sin a

bhídís níos mó ná ag faire ar an meaisín a bhí agamsa ach bhídís istigh agus dh'fhanaidís nó go mbíodh an oíche caite.

Bhí fear eile agus ní fheadar cá bhfuair sé a chuid scéalta. Bhí sé ina chónaí i mBearna idir Mhainistir na Féile agus An Caisleán Nua. Rory O'Grady a ghlaoidís air ach ní raibh i 'Rory' ach leasainm. Mícheál nó Seán nó ainm éigin chomónta mar sin a bhí air. Chuala nár fhás aon fhéasóg riamh air ach bruth beag a bhí ar a aghaidh. Bhí sé ina chónaí cois an bhóthair agus sna blianta san, na daichidí déanacha, bhí sé an-chomónta gluaisrothair a bheith ag muintir Luimní mar bhí bóithre breátha leibhéalta acu. Ach bhí Rory ag eachtraí scéil dom ar Fionn Mac Cumhaill. Is dócha gurb é an dream san ó Thír na bhFear Mór a tháinig go dtí Fionn agus nuair a bhíodar imithe bhí sé ag eachtraí mar gheall air. "Fionn Mac Cumhaill sent a messenger after them on a motor-bicycle." a dúirt sé. Chuala a leithéid sin leis ó Eoghan Mór Ó Catháin anso i nDún Chaoin agus é ag eachtraí ar Jack, mac na baintrí a bhí ag obair ag feirmeoir. Nuair a chuir sé na ba isteach ar thalamh na bhfathach bhí an oiread san bainne acu tráthnóna an tríú lae dúirt sé go gcaith an feirmeoir *bulk tank* a dh'fháil.

T: An raibh a traidisiún féin ag baint le scéalaíocht an Bhéarla, an dóigh leat, nó an iarsma den seanrud Gaeilge a bhí ann?

Ó D: Is é mo mhórthuairim gur iarsma don sean-thraidisiún scéalaíochta is ea scéalaíocht an Bhéarla mar na scéalta gearra, ach go háirithe, is aistriúcháin a bhformhór. Agus nuair a bhíos-sa i mo chónaí istigh i dTrá Lí agus comhluadar ann bhídís ag caint agus scéalta acu. Bheadh scéalta béaloideasa acu agus iad aistrithe lom díreach ón nGaeilge, a déarfainn.

T: I gcás scéalaithe go raibh Gaeilge acu agus gan aon Ghaeilge ag an gclann an mbíodh an chlann ag iarraidh a áiteamh orthu an scéal a insint as Béarla?

Ó D: Dá mbeadh scéalaí ann agus go mbeadh na scéalta i mBéarla agus i nGaeilge aige agus é ábalta ar iad a dh'insint sa dá theanga ba mhaith leis an gclann, a déarfainn – ní chuirfidís brú mór air – ach ba mhaith leo go ndéarfadh sé i mBéarla iad sa tslí is go bhféadfaidís éisteacht leis ag caint ina dhiaidh sin ar an eideafón. Bhuel bhailíos-sa leagan Béarla do scéalta ó fhear amháin, ach go háirithe, go rabhadar aige i nGaeilge chomh maith agus chuireas suas go dtí Oifig Choimisiún Béaloideasa Éireann iad agus tháinig litir chugam anuas ó Shéamus Ó Duilearga, má dh'fhéadfainn in aon chor é an dá leagan a dh'fháil i nGaeilge, mar is dócha go raibh an dá rud ann, an dtuigeann tú, go mbeadh an chanúint ann agus go mbeadh sé, b'fhéidir, ní ba shaibhre. Agus as san amach bheinn ag iarraidh an dá leagan a dh'fháil ach ní raghainn ródhian mar an té go mbíonn a lámh sínte amach aige tugadh sé aire dhó fhéin, ach go háirithe. Á ní raghainn ródhian ag brú ar éinne mar sin.

T: Cad é an tuiscint a bheadh agatsa ar na focail seo, seanchaí, scéaltóir nó scéalaí, síofróir, réadóir?

Ó D: Tá an seanchaí ann agus ní gá dhó san, is dóigh liomsa – b'fhéidir ná fuil an ceart agam ach do réir mar a thuigim fhéin é – ní gá dhó san aon scéal fada a bheith aige. Ach beidh scéalta beaga gearra aige agus cuirfidh sé slacht orthu.

An scéalaí ansan nó an scéaltóir, sin fear a bhíonn ag insint scéalta fada agus b'fhéidir ná beadh aon tseanchaíocht aige sin. Tógfaidh mé mar shampla Peats an tSíthigh a bhí i mBaile Eaglaise. Ba mhór an seó do sheanchaí é agus ní raibh aon scéal fada aige, aon scéal gaisce aige. Tógfaidh mé ansan Seán Criomhthain a bhí thuaidh i gCill Maolchéadair, go dtógas-sa, is dóigh liom, síos blúire béaloideasa gach aon lá sa mbliain uaidh, agus ní raibh aon mheas aige sin ar scéalta fada mar dúirt sé nár chreid sé iontu. Ach chreid sé go dtagadh na mairbh isteach ar an dtinteán gach aon oíche, agus go dtéidís iad féin leis an dtine cé go mbíodh an tine coigilte aige, ach bhíodh an tlú ar thaobh amháin agus gach aon rud scuabtha glan ina gcomhair agus cathaoireacha socair sa tslí is go bhféadfaidís suí. Agus ní raibh na scéalta fada aige sin in aon chor agus seanchaí maith ab ea é, chomh maith agus gheofá.

Ansan bhí réadóirí ann. Déarfainnse gur duine é sin a bheadh ag insint mar gheall ar cad as a thánadar so agus cad as a thánadar súd, agus cá socraíodar agus mar sin. Baineann sé le stair agus le tíreolaíocht, a déarfainn.

Agus is é an rud a thuigeas-sa riamh mar gheall ar an síofróir – b'fhéidir go ndéarfaí go raibh baint aige leis na púcaí. Ach is é an rud a thuigeas-sa i dtosach gur fear é nó bean a bheadh nótálta ar fad chun gaolta a chur isteach agus a raghadh i bhfad siar agus nár mhór dó cumhacht éigin ós na síóga chun a dhéanamh amach cad as a tháinig gach éinne.

T: Dá ndéarfaí i dtaobh duine go raibh ceard na scéalaíochta go maith aige cad a bheadh i gceist ansan?

Ó D: Ceard na scéalaíochta anois, abair, deir daoine ceard na scéalaíochta. Ní fheadar arbh fhéidir é a chur mar sin in aon chor mar is dócha nár dheineadar amach go raibh aon cheard sa scéalaíocht ach déarfadh duine "an-scéalaí is ea é". Thíos i bPort Láirge déarfaí "An-Ghaeladóir is ea é". Agus is dóigh liom gurb é an rud a bhí i gceist acu san go raibh mórán scéalta aige agus déarfaí "Tá a lán Gaeilge aige", sin mórán scéalta. Ach tá seanfhocal ann a deir go bhfuil sé ráite riamh nach fearr scéalaí maith i dtigh ná drochscéalaí. Agus dh'fhéadfá dhá bhrí a bhaint as an seanfhocal san. Dá dtiocfadh duine isteach chugat ag bothántaíocht agus go mbeadh drochscéala aige chiorródh sé an oíche chomh maith leis an bhfear a thiocfadh isteach le dea-scéala. Ach is dócha gurb é an rud atá i gceist ná duine go mbeadh scéalta aige agus a chiorródh an oíche agus go ndéanfadh sé an gnó chomh maith leis an scéalaí is fearr sa cheantar. Ach scéalaí maith a déarfainn fhéin ach go háirithe, sin fear go mbeadh urlabhra maith aige, é soiléir, go mbeadh an scéal go cruinn beacht aige, blúire ar bhlúire, céim ar chéim agus go n-imeodh an gaiscíoch amach ag *try*-áil a fhortúin dó fhéin' faoi mar a deiridís, agus go dtiocfadh sé thar n-ais agus an *sway* aige agus gan aon bhriseadh ná aon rud ann ach é go léir ráite ansan. Déarfainn gur scéalaí maith é sin. Ach tá scéalaithe ann go bhfuil anscéalta ráite acu dhom agus nuair a chífir scríte síos é is dóigh leat go bhfuil sé nótálta ar fad, ach dá mbeifeá ag éisteacht leis an nduine sin bheadh stad ann, b'fhéidir, bheadh luathbhéalaí ann, bheadh tutbhailbhíocht ann, bheadh rud éigin ann ná faighfeá taitneamh rómhór in aon chor as bheith ag éisteacht leis, ach nuair a chífeá scríte síos an scéal tá sé go hálainn.

T: Níor mhar a chéile an saghas béaloideasa a bhíodh ag fir agus ag mná?

Ó D: Bhuel, chomh fada le scéalaíocht dó ní bhíodh an fhiannaíocht ná cóiriú catha sna scéalta ag na mná. Agus ní raibh sé, is dóigh liom, banúil acu bheith ag insint scéalta. Ach bheadh scéalta ag na mná, abair anois, Cóitín Luaithe nó *Cinderella,* faoi mar a thugann daoine air sa Bhéarla agus scéalta mar gheall ar liosanna agus mná á sciobadh agus leanaí á sciobadh. Sin iad a bheadh ag na mná ach ba bhreá leis na fearaibh scéalta gaisce. Na scéalta mar gheall ar na liosanna a bhíodh ag na mná agus daoine á sciobadh, chreideadar go láidir iontu san. Agus is cuimhin liom Bean Uí Chonchúir, Neil is dóigh liom a bhí uirthi, i mBaile Dháith, bhí sí ag eachtraí scéil dom mar gheall ar bhean a sciobadh, agus thit a codladh ar an mbean a bhí ag tabhairt aire dhi. Ní fheadar ná gurb í a máthair a bhí ag tabhairt aire dhi, agus gan dabht bhí peaca maraitheach déanta aici má thit a codladh uirthi tar éis leanbh a shaolú go dtí go mbeadh an leanbh baistithe. Chaithfeadh duine éigin a bheith ina dhúiseacht i gcónaí taobh leis, agus nuair a dhúisigh sí, pé sraic a bhí déanta aici, nuair a dh'oscail sí a súile cad a bhí ina shuí díreach thuas ag ceann na leapan ach giorria agus nuair a chonaic an giorria ag múscailt í rith an giorria trasna na leapan agus tuigeadh di gur las an leabaidh. Agus dh'iompaigh sí ormsa ansan agus dúirt sí: "Dhera is dócha nár las, ach gurb amhlaidh a cheap sí gur las". Ach sin comhartha gur chreid sí an chuid eile ach nár chreid sí an lasadh. Ó chreideadar, a déarfainn, go láidir, agus chreideadar go láidir sna piseoga a bhaineas le bainne, mar bhí fear seanchais thíos i Móin na Gé i Luimneach ag rá liomsa dá bhfeicfeadh sé aon duine istigh ina chuid talún maidin Lae Bealtaine go scaoilfeadh sé an ghaoth is an ghrian tríd leis an ngunna. Ó chreideadar mórán rudaí, b'fhéidir nár chreideadar gach aon rud.

T: Cad faoi sheanchas cráifeach?

Ó D: Bhíodh na paidreacha ag na mná gan dabht, agus cur síos ar na síóga agus an chosaint is ceart a dhéanamh chun tú fhéin a chosaint orthu agus rudaí mar sin. Treoracha do leanbh, abair, bhíodh sé go mór ann dos na mná, abair. Ní raibh sé ceart ag aon leaid óg a bheadh ag fás teacht isteach don tigh agus sluasad ar a ghualainn nó píce ar a ghualainn nó aon arm mar sin ar a ghualainn. Bhí deireadh ag fás aige. Agus ní deireann na piseoga é sin ach bhí sé contúrthach istigh i gcistin bheag, dá mbeadh píce ceithre mbeann ar ghuala leaid bheag agus é ag casadh timpeall. Agus ar mh'anam ná tiocfadh sé isteach in aon chor mar déarfaí leis sin go raibh deireadh ag fás aige.

T: Bhí cuid des na mná go maith chun gaol a chur isteach.

Ó D: Ó bhí cuid acu an-mhaith ar fad, agus cuid acu ná raibh go maith, agus tá sí os comhair mo dhá shúl amach anois, beannacht Dé lena hanam, tá a cuimhne os comhair mo dhá shúl amach, Bríde Tiúí a bhí thuas i nGleann Loic. Bhí sí an-mhaith. Bhí a fhios aici cathain a saolaíodh gach aon leanbh sa pharóiste agus cathain a fuaireadar bás agus cé a phósadar agus cén t-am a phósadar agus rudaí mar sin.

T: Cé acu is mó go mbíodh tomhaiseanna?

Ó D: Á bheadh tomhaiseanna ag éinne, tomhaiseanna beaga leanbaí ag na leaideanna, agus ní bhídís sin ag daoine fásta in aon chor puinn. Bhailigh m'athair cnuasach ach déarfainn gur ós na leaideanna ar scoil a bhailigh sé cuid mhaith acu.

T: Deinim amach nár bhailís puinn amhrán in aon áit.

Ó D: Bhuel, níl a fhios agam, b'fhéidir nár bhailíos. Ní raibh aon spéis agam fhéin sna hamhráin. Bhí spéis agam iontu ach ní raibh aon chluas mhaith cheoil agam fhéin. Ach dúrt cheana go raibh sé deacair iad a thógaint síos le ceol ar an eideafón. Ach scríobhas síos le peann cuid acu. Chuir sé iontas orm leithéid Pheig Sayers anois, duine ná bíonn guth ceoil aige nó aici féin, do ghnáth ní bhíonn na hamhráin acu mar ní bhacann siad leo. Ach bhí scata amhrán ag Peig Sayers agus thógas síos na hamhráin sin. Nuair a fhéachaim siar bím ag smaoineamh gur thógas síos roinnt mhaith agus b'fhéidir amhráin atá caillte ar fad anois.

T: An dtógfá an t-amhrán ar fad síos ar an eideafón?

Ó D: Bhuel dá bhféadfainn é déarfainn leis an amhránaí ceathrú nó dhá cheathrú dhó a chanadh agus ligint dó na focail a rá ansan. Bheadh sé i bhfad níos fusa dhomsa é a scríobh síos mar bheadh sé an-dheacair é a scríobh le ceol ón eideafón. B'fhéidir nár thógas an oiread san amhrán. Níor chuas isteach rómhór ann. Tháinig Séamas Ennis timpeall ansan agus chuaigh sé go dtí sna daoine go raibh amhráin bailithe agamsa uathu. Ach is dóigh liom nár áirigh Séamus, nó b'fhéidir nár thaitnigh an áit seo rómhór leis cé go mbain sé sásamh as faid a bhí sé ann, nár áirigh sé gur áit mhór cheoil in aon chor an áit seo.

T: Cérbh é an scéalaí ab fhearr nó an té ba mhó béaloideas a casadh ort?

Ó D: Caithfidh mé a rá gurb í Peig Sayers an duine sin. Bhailíos a lán Éireann scéalta uaithi, agus eachtraithe agus amhráin. Agus bhailíos, b'fhéidir, is dóigh liom gur bhailíos idir trí chéad agus ceithre chéad píosa seanchais ó Pheig Sayers go raibh teideal orthu. Ní fheadar cad é an rud a ghlaofainn orthu san. Ach bhailíos an oiread céanna, is dócha, ó Sheán Criomhthain i gCill Maolchéadair, agus dúirt Seán Criomthain liom:"Bheadh na scéalta fada fiannaíochta agamsa leis," a dúirt sé, "ach níor chreideas riamh iontu."

T: Buntáiste anmhór duitse canúint an cheantair seo a bheith agat. Ar scríobhais na scéalta de réir na canúna?

Ó D: Scríobhas na scéalta le litriú, dar liom fhéin, an-shimplí ar fad agus chuir an litriú san an-mhearathal ar fad ina dhiaidh san orm. Bhí an litriú san ann, bhí litriú eile agus tháinig an litriú caighdeánach amach ansan, agus ba é críoch is deireadh na mbeart é ná raibh aon litriú in aon chor fágtha agam ar deireadh.

T: Le linn an chogaidh agus gan aon ghluaisteán agat ba dheacair duit an t-eideafón a thabhairt leat i ngach aon áit toisc é a bheith an-throm agus bhainfeá úsáid as an bpeann ansan. An raibh aon chúis eile leis an bpeann a bheith in úsáid agat babhtaí?

Ó D: Bhí roinnt daoine ann ná raibh sásta le labhairt ar an eideafón. Bhí eagla orthu roimis. Chaithinn an peann a dh'úsáid leo san. Ansan arís maidir le mionphointí seanchais níorbh fhiú dhuit an eideafón a chur ar siúl. Is amhlaidh a chuirfeá daoine amú. Dh'fhéadfá níos mó ceisteanna a chur orthu nuair a bheifeá ag scríobh. Nuair a bhínn ag scríobh blúiríocha seanchais liginn don seanchaí an t-eachtra a dh'insint dom agus scríobhainn píosaí beaga, na habairtí ba dheise liom fhéin. B'fhuiris dom ina dhiaidh sin a rá leis an seanchaí é a rá arís agus dh'fhéadfainn na bearnacha a líonadh isteach ansan. Is dóigh liom gurb é sin an plean ab fhearr mar tá sé an-dhamanta agus an-chrosta ar fad rudaí a dheachtú abairt ar abairt. Ní féidir scéal a dh'insint ar an gcuma san.

T: An dóigh leat go rabhais ábhairín ródhéanach ag dul timpeall ag bailiú?

Ó D: Bhíos déanach ceart to leor ach ní mhairfinn go deo chomh maith mar bheadh duine aonair rófhada ag déanamh an bhailiúcháin go hiomlán. Agus mheas mórán daoine go raibh na scéalaithe caillte, abair, aimsir Jeremiah Curtin a theacht. Sa mbliain a hocht déag nócha a dó is dóigh liom a bhí sé sin in Ard an Bhóthair ag bailiú ós na Loingsigh i mBaile an tSléibhe, Peats an tSaoir, is dócha, é fhéin agus a mhac. Ansan fuair Peats an tSaoir bás agus cheap gach éinne gur mhór an trua ná rabhas ag bailiú nuair a bhí Peats ina bheathaidh. Ach ansan stiúraigh duine éigin mé ar Sheán Ó Grífín, Cathair Boilg. Bhí Cathair Boilg buailte le Baile an tSléibhe agus chuir sé an-iontas orm nuair a dh'fhiafraíos do John cé uaidh a fuair sé scéal éigin. Dúirt sé gur ó Pheats an tSaoir agus bhí formhór scéalta Pheats aige. B'fhéidir ná raibh sé chomh blasta le Peats chun iad a rá. Ní raibh guth rómhaith aige ach bhí na scéalta go maith aige.

83

Joe agus Seán Pheats Tom Ó Cearnaigh in ardghiúmar ar bhainis.

Bhí mórán scéalaithe an uair sin ann. Bhíodar i gCom Dhineol. Bhíodar i Márthain, bhíodar i mBaile an Bhoithín, bhíodar i mBaile na nGall, bhíodar i bParóiste Mórdhach, bhíodar i bParóiste Fionntrá. Ba é an *job* go léir teacht orthu agus ba dheacair d'éinne amháin sa cheantar so é a dhéanamh mar rás mór ab ea é. Bhí an bás ag teacht agus iad á mbreith leis duine ar dhuine agus gan éinne ag teacht ina n-ionad. Is cuimhin liomsa bliain amháin, is dóigh liom gur aimsir an chogaidh í, agus cuid mhór dos na seanchaithe a bhí ag tabhairt scéalta dhomsa dh'imíodar taobh istigh do dhá mhí mar pé fliú a tháinig an bhliain sin is iad na seandaoine a thug sé leis agus is iad na seandaoine a shín sé. Tháinig fliú tar éis an Chogaidh Mhóir chéanna, naoi déag a hocht déag nó naoi déag a naoi déag agus is daoine óga a sciob sé sin. Ach ní mar sin don bhfliú eile. Sciob sé leis mórán Éireann daoine.

Cuimhnigh ná raibh ach beirt lánaimseartha i gCo. Chiarraí agus bhí Gaeltacht cuíosach fairsing an uair sin in Uíbh Ráthach. Bhí Tadhg Ó Murchadha ansan agus bhíos-sa anso. Agus sin a raibh le mo linnse ag obair i gCúige Mumhan ar fad agus b'fhairsing an áit é agus ba mhó seanchaí agus scéalaí a bhí i gCúige Mumhan, fiú amháin sa Ghalltacht. Gan dabht bhí Seán Ó Dubhda thuaidh ar an gCarraig ag bailiú páirt-aimseartha. An-bhailitheoir ar fad ab ea Seán. Bhí for-mad ceart agam leis, an cumas a bhí ann. Théadh sé isteach go mion sa tseanchas bhí an oiread san spéise aige fhéin ann. Bheadh sé ag caint, abair, ar bhliain mhór na maircréal. Ní bheadh Seán sásta gan go leor ceisteanna a chur. Cé bhí á gceannach an uair sin? Cad é an praghas a bhí orthu? An rabhadar mór nó an rabh-adar beag? Agus mar sin dó.

Bhí sé curtha i bhfís ar na bailitheoirí lánaimseartha ag an gCoimisiún gur cheart dúinn an áirithe sin a bhailiú gach aon tseachtain. B'fhusa dhúinne gan dabht dul go dtí na scéalaithe agus na scéalta fada a thógaint síos, ansan dul go dtí duine eile agus na scéalta fada a bhí aige sin a thógaint síos. Nuair a bhíomar ag rith ó scéalaí go scéalaí mar sin dh'fhág-amar an chuid ab fhearr don seanchas agus don stair áitiúil agus gach aon ní inár ndiaidh, agus ba mhór an chailliúint é sin. Ach b'fhéidir go bhfuil cuid mhaith seanchais beo fós mar ní gá dhuit bheith i do scéalaí in aon chor chun seanchas a bheith agat. Níor mhór dom am éigin saor chun a bheith ag imeacht timpeall dom fhéin ach ní mar sin a bhí. Chun é sin a dhéanamh chaithfinn na scéalta fada a bhreacadh síos tapaidh agus ansan bheadh cúpla uair an chloig díomhaoin tráthnóna agam. Ach tar éis na lochtaí sin atá áirithe agam a lua – gur thugamar faoi scéalta fada d'fhonn saoráide agus d'fhonn an leabhar a líonadh agus b'fhéidir go mbeadh rud ní ba thábhachtaí ann ná beadh leath chomh fada leis an scéal fada san – caith-fidh mé a rá gur deineadh mórán oibre. Ní raibh mórán bailitheoirí ar fuaid na hÉireann ach dá bhféachfadh duine ar an stór mór béaloideasa a bhailíodar san chuirfeadh sé áthas ar éinne. Tá áthas orm fhéin ach go háirithe mar gheall ar an méid a bhailíos agus is breá an rud é mar níl aon tseans, dá mbeadh an obair á dhéanamh inniu nó dá mbeadh an obair á dhéanamh níos déanaí nó b'fhéidir dá gcloífí leis an mionseanchas so atá ráite agam, níl aon tseans go mbeadh an stór mór béaloideasa atá thuas i mBaile Átha Cliath againn.

T: An ndéarfá go bhfuil an scéalaíocht imithe anois?

Ó D: Ó tá ceard na scéalaíochta imithe. Tá aithne agam ar éinne amháin is dócha, Breandán Ó Laoithe[6] ansan thuaidh i mBaile Uí Chorráin. Is dócha go bhfuil sé ábalta ar scéal fada a dh'insint fós ach deir sé fhéin go bhfuil siad ag dul sa bhfraoch air. Cuireann sé

6. Fuair Breandán bás 8/11/1996.

An chéim Ll.D. bronnta ar Joe ag Ollscoil na hÉireann, 13/3/1986.

Lasmuigh de Theach Uíbh Eachach lá an bhronnta le Proinséas
Uí Chinnéide agus Mícheál Ó Dálaigh.

sin rud eile i gcuimhne dhom. Nuair ná beir ag insint na scéalta go minic caillfir iad, caillfir smut dóibh ach go háirithe. Agus tógaim Peig Sayers anois. Deinim amach toisc Peig Sayers a bheith istigh san Oileán, agus baile beag ab ea an tOileán, nuair a dh'imigh an chlann uaithi, an bhean bhocht, bhí sí istigh ina haonar. Ba bhreá léi duine a ghabháil chuici agus ghaibheadh na cuairteoirí go léir chuici, agus bhíodh sí ag insint na scéalta arís agus arís eile, agus bhí ceard na scéalaíochta go maith aici, an-mhaith ar fad, mar bhí an taithí aici. Ach bhí an cheard caillte ag, abair Breandán Ó Laoithe anois nó ag Tomás Ó Mainnín a bhíodh ag éisteacht le Maras Sheáin Connor i mBaile an Bhoithín. An-scéalaí ar fad ab ea Maras agus bhíodh Tomás Ó Mainnín atá ina fhear óg anois, clann óg ag éirí suas aige, bhíodh sé sin ag éisteacht leis agus chuirfeadh sé iontas ort an méid scéalta atá aige ach ná bíonn sé á dh'insint. Bhí an lucht éisteachta á chailliúint ag na scéalaithe do réir a chéile agus nuair a tháinig an raidió thosnaigh daoine ag éisteacht leis sin. Nuair a thosnaíos ag bailiú is ar éigean a bhí aon raidió ann ach dh'fhairsingíodar le himeacht aimsire. Nuair a fuaireamar fhéin ceann ag baile is é is mó a thugadh na daoine isteach ag éisteacht leis go gcloisfidís *Big Ben* ag bualadh i Londain. Ba chuma leo mar gheall ar an nuacht. Míorúilt mhór go gcloisfidís clog Londain ag bualadh istigh i mBaile Bhiocáire.

T: Dála an scéil an bhfaigheadh na scéalaithe agus na seanchaithe agus iad san aon díolaíocht?

Ó D: Aon rud in aon chor ach b'fhéidir tobac. B'fhéidir go dtabharfainnse blúire tobac chucu nó mar sin. Nuair a thosnaíos ar dtús bhí aithne agam ar chuid mhaith acu, agus bhí caidreamh agam orthu agus ní mór ná gurb amhlaidh a chuireadar fios orm, ach ní raibh aon díolaíocht le fáil acu. Thugadh Séamus Ó Duilearga an Stiúrthóir turas ar chuid acu agus cuirtí bronntanas chucu. Ach is ó Shéamus Ó Duilearga ab ea an bronntanas san, agus é scríte "Le deamhéin ó Shéamus Ó Duilearga", agus ansan bhí sé le tuiscint acu – tá Joe Daly ag siúl ansan gach aon tseachtain i rith na bliana agus ní fheadair éinne ach an méid scéalta atá bailithe aige agus tháinig Séamus Ó Duilearga ansan aon lá amháin agus aon scéal amháin agus tá tobac tagtha ó Shéamus Ó Duilearga! Ach bheadh súil acu le rud maith sa lá atá inniu ann agus an ceart acu mar chaithidís aimsir mhór ag insint na scéalta so agus cuireann siad luach ar an scéal anois. Níor chuireadar fadó.

Níl aon bhaol ná go bhfuil an-chreidiúint ag dul dos na seanchaithe as an méid a dheineadar dúinn agus as an méid a thugadar dúinn go fonnmhar fial gan súil le haon rud ina choinne. Tá dearmad glan iomlán déanta orthu. Tá a n-ainm agus b'fhéidir a n-aos le linn an bhailithe scríofa thuas sa Roinn Béaloideasa. Do réir na gcuntaisí atá ann tá a bhformhór beo fós cé go bhfuilid céad go leith, sé fichid bliain cuid acu. Níl aon chuntas ar cathain a cailleadh iad. Nuair a fuaireadar bás níor cuireadh riamh, mara gcuireadh go dtí daoine áirithe, litir chomhbhróin go dtí a muintir, agus is dá muintir agus do chlann a muintire is mó atá buíochas an bhailithe ag dul mar sin iad a chuir suas le mo leithéidse faoi chliathán an tí oíche i ndiaidh oíche agus an tigh go léir á chur amú. Dá mbeadh aon bhruíon eatarthu chaithfidís é a chur ar athló go dtí go n-imeoinnse amach. Is mó cúram príobháideach a bhíonn i dtigh. Ach má bhíonn file ann agus gur dhein sé blúire beag do dhán beidh a fhios ag gach éinne cathain a saolaíodh é, cár saolaíodh é, cathain a cailleadh é agus cá bhfuil sé curtha. Ach chomh fada leis an seanchaí cuireadh é agus cuireadh a chuimhne ina theannta.

Táim ag cuimhneamh ar na bailitheoirí a bhí ann, Seán Ó hEochaidh thuas i nDún na nGall, Tadhg Ó

Murchadha in Uíbh Ráthach, agus ní fheadar cé eile. Is ar éigean a bhuailimís le chéile in aon chor. Stróinséirí ab ea sinn dá chéile. B'fhéidir gur bhuaileamar dhá uair nó trí le chéile faid a bhíos ag bailiú. Ba cheart go mbeadh caidreamh idir na bailitheoirí agus go bhfeicfidís agus go dtuigfidís na fadhbanna a bhí acu go léir sna ceantair dheifriúla.

T: D'éirigh leatsa agus leis na bailitheoirí eile cuid mhaith béaloideasa a bhuanú, idir scéalta agus seanchas agus eile. An dóigh leat gur tháinig borradh faoin mbéaloideas i measc na ndaoine arís nuair a chonaiceadar a raibh ar siúl agaibh?

Ó D: Tháinig. Bhí spéis á mhúscailt agus tá spéis á mhúscailt ag Raidió na Gaeltachta anois ann.

T: An raibh aon fhéachaint suas duitse i do phost mar bhailitheoir?

Ó D: Dheineadar saghas geallúint dúinn. Dúirt Séamus Ó Duilearga ná feadair sé i gceart conas a chríochnódh an obair seo. Ní rabhamar buan gan dabht. Ní rabhamar ach lánaimseartha agus ní raibh aon phinsean ag gabháil leis an bpost.

T: Cathain a d'éirís as an obair?

Ó D: Is dóigh liom gurb é Lá Samhna naoi déag caoga a haon an lá dcireanach a thugas ag bailiú nó ag scríobh agus an tarna lá do Shamhain chuas ag múineadh thíos i Lios Fearnáin i gContae Thiobraid Árann. Dar liom gurb í Peig Sayers an bhean is deireanaí go rabhas ag bailiú uaithi. Pé acu ab í nó nach í is cuimhin liom go maith an lá a chuas suas chuici agus dúrt léi go rabhas ag stad do bheith ag bailiú. Tháinig tocht ar Pheig nuair a rugas ar láimh uirthi agus tháinig tocht ormsa leis. Níor labhramar focal. Ní raibh a fhios agam go raibh cairdeas chomh mór eadrainn. Bhí báidh againn féin le chéile. Ba bhreá liomsa bheith ag éisteacht le Peig agus ba bhreá le Peig bheith ag insint domsa mar bhí a fhios aici gur thuigeas go maith cad a bhí ar a haigne agus bhí a fhios aici go maith leis gur bhaineas-sa taitneamh an-bhreá ar fad as an méid a bhí le tabhairt aici dom.

T: Cén rian a d'fhág do shaol mar bhailitheoir ort?

Ó D: Dh'fhoghlamaíos mórán Gaeilge cé gur cheart go mbeadh sí go léir agam agus níl sí go léir fós agam agus táim ag foghlaim fós. An rian is mó is dócha gur dóigh liom ná raibh aon chrích ionam chun múinteoireachta as san amach má bheadh aon chrích go deo orm agus mé a thosnú san am ceart. Is mó d'fhonn a bhí orm bheith ag insint scéalta dos na páistí ná bheith á mhúineadh. Tar éis bliana dh'fhágas Lios Fearnáin agus thána go Trá Lí, amuigh ar an bhFianait, agus dá ndéarfaí liom an uair sin: "Caithfidh tú fanacht ansan ar feadh dhá bhliain agus fiche" raghainn glan as mo mheabhair mar ní raibh aon taithí agamsa fanacht in aon áit amháin. Rud eile duine aonair ab ea mé nuair a bhíos ag bailiú agus is dócha nár chuas isteach leis na múinteoirí eile nuair a thána thar n-ais cé go raibh aithne agam orthu agus sinn an-mhuinteartha le chéile. Ba é an t-athrú is dócha is mó gur ghaibh duine riamh tríd. Bhíos roimis sin agus mé ag oibriú liom ag bailiú ó sheanduine cromtha caite, b'fhéidir, nó balcán maith do sheanbhean. Agus nuair a chonac na truáin a bhí ar m'aghaidh amach ar scoil, ní raibh éinne acu dhá bhliain déag, athrú mór ar fad ab ea é.